时间管理幸福学

吴淡如 著

中央广播电视大学出版社
· 北京 ·

图书在版编目（CIP）数据

时间管理幸福学 / 吴淡如著. -- 北京 ：中央广播电视大学出版社，2016.9（2018.3重印）

ISBN 978-7-304-06579-9

Ⅰ. ①时… Ⅱ. ①吴… Ⅲ. ①时间－管理－通俗读物 Ⅳ. ① C935-49

中国版本图书馆 CIP 数据核字（2016）第 047408 号

时间管理幸福学

SHIJIAN GUANLI XINGFUXUE

吴淡如 著

出版·发行： 中央广播电视大学出版社
电话： 营销中心 010-66490011　　总编室 010-68182524
网址： http://www.crtvup.com.cn
地址： 北京市海淀区西四环中路 45 号　　**邮编：** 100039
经销： 新华书店北京发行所

策划编辑： 郑 毅 秦 楠　　**责任印制：** 赵连生　　**责任校对：** 赵 洋
责任编辑： 郑 毅　　**版式设计：** 黄 晓

印刷： 北京市大天乐投资管理有限公司
版本： 2016 年 9 月第 1 版　　2018 年 3 月第 3 次印刷
开本： 880mm × 1230mm 1/32　　**印张：** 6.625　　**字数：** 159 千字

书号： ISBN 978-7-304-06579-9
定价： 30.00 元

自　序

时间管理最重要的是原则

忙的时候，如果心乱，就表示在时间管理上出了一些麻烦。如果能够忙而不乱，忙碌的成就感会盖过压力和心慌。

因为青春必然逝去，人生必然两手空空的来去，时间是我们生命过程中最宝贵的资产。

我人生中学到的最重要的第一句警告标语，是：小心，你的时间不是用不完的。

过了很多年，这一句话不时在我耳边响起，我明白，一个人的时间管理，和他的自信度，对生活的掌握度和他的能力与理想，都有绝对的关系。

这些年来，我最常被问到的事情，都跟时间有关。

“你这么忙，还有时间写作吗？”

“你这么忙，还有时间养宠物？”

“你这么忙，还有时间看书吗？”

“你这么忙，还有时间陪家人吗？”

“你这么忙，还有时间来画油画？”

“你这么忙，还有时间去念 EMBA（高级管理人员工商管理硕士）？”

这些事情，应该都被视为要很有时间，才能做的事情吧。

某一个星期天，我一个人骑着脚踏车，在阳光灿烂的京都漫无目标地寻找樱花的踪影。由于地球变暖的影响，当我在雅虎网站看到“花满开”的消息，马上买了机票到京都来时，花已经谢得差不多了，樱花树全被嫩亮的青绿色的叶子占据，寻花不着的我只有到处溜达，拿单车当健身器材。

我骑车过马路时被几个台湾妹妹发现了，她们在我背后叫我的名字，我差点撞到一辆正在等候红灯的小轿车。

她们很高兴地与我合照，并且问我，“啊，你这么忙，怎么会在这里？”

我说，我并没有真的很忙，只因为我做的事情都与传媒业有关，比较容易被看到，所以，大家认为我应该要忙得像一只被蜘蛛丝缠住的蜘蛛一样。

是的，这些事情，我一直同时在进行。其实，我并没有很忙，多半时候，我并没有觉得自己很忙，至少，我忙的时候，并没有觉得很乱。

忙的时候，如果心乱，那就表示：我们在时间管理上出了一些麻烦。如果能够忙而不乱，那么，忙碌的成就感会盖过压力和心慌。

如果生活因为我的贪心已经变得很忙乱，我就会进行一次大调整，更换一些新的行程，或者偷一下懒，或者出去旅行。

该顺应本性，还是强迫自己？

我擅长时间管理吗？

我的个性里其实有很多不适合进行“正常时间管理”的弱点。所以一定要对自己的时间进行有效的管理。

比如说：

我贪睡，但该睡的时候通常不想睡，该起床时也会赖床；

健忘，如果没有记下来，一定会忘记该做的事；

性急，太琐碎的事情通常不想搞懂；

不服别人管理，很怕有人唠叨；

常会有天外飞来一笔的想法，热爱新奇的事物，喜欢改变，有时很随性；

什么都想试一试；

生性懒散；

常找不到东西，很难把东西归位。

……

这些个性堆叠起来，真可怕，必定是一个一事无成、邋遢至极的懒妇。

不过，正因为我本性与习惯都不好，如果我没有一些时间管理的概念的话，现在应该只适合活在猪圈里，或者到街头当游民。

我曾经在很多十字路口徘徊，到底应该顺应本性还是鞭策自己。

很多朋友说我是自律性极强的人，事实上，我选择顺应本性和鞭策自己的比例，各占一半。有些事饶了自己，混一下又何妨；有些事情，还是要轻轻扬起鞭子，打自己一下。

别人老是问我“你为什么有时间”，所以我仔细端详自己的生活，没错，在多年的挫折经验里，我确实归纳了一些原则，一些小聪明，来应付这个信息爆炸的时代，并且安稳悠闲地过着我要过的生活。

我还是很喜欢忙的。甚至利用过“忙”的好处，来进行我的时间管理。

时间管理最重要的不是 how to（怎样），而是原则，那些原则和我们的自信程度息息相关。

附带一提，看完此书后你会发现，时间管理会不会成功和减肥会不会奏效有共同的原理：对自己的胃不可太紧，也不可太松，不然，都会失败。

时间留不住，只好用心面对必然消失的每一刻。

目　录 Contents

Part:01 在时间夹缝中寻找空间

把自己放在对的地方，非常重要。找到适合自己的时间表，也是很重要的。“取舍”是时间管理必须有的智慧。

时间立体化 1

累积时间的力量

就算没有天分，只要你愿意每天花一点时间，做同样一件事情，不知不觉间，你就会走得很远。

我曾经是一个非常会浪费时间的人。

还好，一路上有人不断地警示我：你这样下去不是办法，直到我内心深处也有了“你这样下去不是办法”的声音，变成一个自发性能够掌握时间的人。

和所有曾经年轻的人一样，我以为时间是花不完的。有个诗人说，年轻的时候，离死亡很遥远，离老病也很遥远，所以能够珍惜时间的人不多。

当时考上台大之后，我真的以为，大学生活就是郊游、烤肉和恋爱。我每天在校园里晃荡，把交男友当成人生最重要的事，上课时常为了该穿什么样的衣服而忘了带课本，也没有人看过我出现在图书馆。大学没有小考，顶多只有期中和期末考，我并不需要像以前读书时那么兢兢业业。

我当时以为自己很有“才华”。高中时，我的课业成绩在北一女（台北市立第一女子高级中学）也还名列前茅，各方面的才艺竞赛成绩都很不错，由于以前常常参加活动的关系，我会做海报、会写文案、伶牙俐齿，想要争取我加入的社团很多。

不过，我什么都懒得做，每天要求男友载我去逛街，赖着他帮我写作业，图书馆的期刊室好复杂，怎么借书、查书我都不知道。早上八点的课，起不了的话我就不去；中午十一点半，常常逃课跟同学们先到学校餐厅抢座位，那时候才有热腾腾的自助餐；老师讲课无聊，没关系，我就到学生活动中心打台球，我觉得这样很酷。

那时候有一位“多事”的同社团学长，曾经苦口婆心地对我说：“我看你这样下去不是办法，你现在以为自己成绩很好、很优秀，可是过了不久，一定有人会赶上你。”

不久我就发现，哇，怎么大家谈起时事来，信息比我丰富得多，思考方法也比我有逻辑，那也就算了，大一上学期，我总共修了八堂课，有四堂课不到六十分……连“营养学分”如“中国通史”都不及格——怎么可能？我有这么糟吗？那个暑假，我把成绩单藏了起来，很丢脸地不断参加补考。

但是我还是没有因此而努力向上。大三那一年，和我一起修了两年日文的室友，已经通过了日文最高级的考试，而我发现自己连五段动词都没有搞清楚；修一个号称“谢九九”的老师（听说他最低会给学生九十九分）的课，竟然得到历史性最低分——八十分。

我到底怎么了？我不是自认为很聪明吗？

日积月累使你变真聪明

因为很多事情，光靠一时的记忆力是没用的。比如学日文。我的室友两年来和我都修同一门课，她每天早上起床会念一小时日文，而我还在床上赖床，有作业只想抄她的，难怪成绩很差。

真正体会到“累积时间的力量”，大概就是从室友与我的日文水平悬殊开始的。

后来我慢慢领会了一件事：就算没有天分，只要你愿意每天花一点时间，做同样一件事情，不知不觉间，你就会走得很远。

日积月累，是笨功夫，但也是最聪明的事。

我目前为止最花笨功夫的事是写作，这一点，要感谢的是前辈林清玄先生。某一天，当我还是个对写作有兴趣，但怎么写都只是个不畅销作家的时候，我在出租车上，听到他很诚恳地说：自己每天都会写三千字，对他来说，已经是一种习惯了。

所以他的文字才会那么自然亲切，看到万事万物、小草小花，都可以有所启发。

一个当时作品那么畅销的作家这么说，对我是有感召力的。

我开始每天至少写两千字。没有为“一定要换成稿费”而写，没有读者也写，自己寻找题目，把写作当成生活的一部分，有时，写不出自己想写的东西来，那就写一些无聊的消息稿或整理访问稿（当时我是一个初出茅庐的小编辑），我甚至还愿意接翻译稿，只求有字让我写。我体会到，一件事情，如果你真心想要做它，而且愿意每天都进入它，那么它也会进入你的生命，变成一种宿命的节奏，它会和你的呼吸合为一体。

写久了，你不必想，这种情况该用什么形容词；写久了，你会知道每一个瓶颈都是一个转折，只要继续下去就会柳暗花明。

"改变密码"的时间管理哲学

当一个东西进入你的生命，成为你生活的一部分时，那种微妙的感觉很难形容。也许电玩狂热分子最能体会我的感觉：那个与现实世界无关的虚拟世界好迷人，你很想每天进去探索它的无限可能。

我和电玩狂热分子的差别只在于，他们的幻想世界是被设定的，而我的比较容易接受自己的指令而做各种更改。

写作的世界很刺激。永远有新鲜的事情，比挑影片看更有趣，你可以看鬼片、动作片、科幻片、文艺片，只要你愿意……只是，你不能够快进，在情节沉闷的时候，你还是要忍耐着，致力于修改剧情，让故事继续播演下去。

超过一个星期，如果没有让我写作，好像就有一种“毒瘾犯了”的感觉。

“为什么你那么忙，还有时间写作呢？”我的回答是：当你真心想要做，你一定会挤出时间来。

一位嘉宾老师对我说，我给他很大的启发，因为某次他来上我的节目，竟然看到在两场录像之间，我拿出笔记本电脑，聚精会神地在写稿。他觉得，这种“利用时间”的精神真伟大。

事实上，这可能跟电玩迷在无聊时拿出游戏机玩游戏一样，我是在“减压”，做节目必须聚精会神听观众的每一句话，有时神经绷得很紧，让我玩一下我的“电玩”，进入一下我的世界，也许只是二十分钟，我的压力就会因此减轻不少。

这是时间管理哲学的奥秘之一：“放下”与“转移”。还有，可别以为我是趁着空当还在捞钱，我是在享乐——“改变密码”很重要，

管好自己，管好时间

什么人最需要做时间管理？

1. 感觉时间有限，而工作无限的人。

2. 努力工作，却收不到成果。

3. 努力工作，却不是很快乐。

4. 想要趁早实现自己的理想。

5. 常连吃饭都没有时间，但不想过劳死的人。

时间立体化 2

你选择的娱乐方式决定你的未来

我把“学习”设定成“娱乐频道”，它们是有建设性的压力，会让你得到另一种精神上的补偿。

如果你爱它，它就不是苦差事，你是在享乐。

“你这么忙，还有时间来画油画？”

“你这么忙，怎么还有时间去进修？”

为什么？我的答案与我对压力的看法有关。

压力会带来焦躁、不安甚至失控的行为。每个人害怕的压力源不一样。

很显然的，我比较不害怕困难工作所带来的压力，我比较恐惧的是人际关系之间的压力。一大群人坐在下午茶餐厅里无所事事的闲磨牙、聊八卦的情况，常让我觉得自己像只无头苍蝇，最后的收获只有口干舌燥而已。

调解别人纷争、听别人投诉或抱怨更非我的专长，会让我感到压力大增，非得要做这件事时，我常像一支被雷打到的避雷针，在暴风雨过后还会因余电未消而颤抖。念完法律系之后，我没有选择律师或法官当成自己的职业，是我对司法界最大的贡献，也是一个很有自知之明的睿智抉择。

人人需要有建设性的压力

我喜欢学习。学习是有趣、有成就感的事情，任何你感兴趣的学习，在通过了入门考验之后，就会进入一个“自我陶醉”的阶段。

自我陶醉，如同进入另一个世界，我会自然而然地忘却工作中不得不面对的烦恼。

或许学习也会带来不同的压力，但是，对我来说，它上紧的那根发条，和我工作时必须上紧的那根，显然不一样。

有些工作瓶颈或心情上的痛苦，并不是我们有能力或有时间立即解决的，与其在那里钻牛角尖（我其实是个很会钻牛角尖的人，像迷宫里的老鼠一样，如果没有找到另一道拉力把自己拉出来，恐怕会耗费很多时间在同一条死巷子里钻来钻去）。

我把“学习”都设定成“娱乐频道”。当然啦，有时候我也会感觉自己“搬石头砸自己的脚”，比如在面对“管理经济学”等考试，或偶尔时间行程排得比较紧凑的时候。

但我从来不曾因为把“学习”排进人生行程表而后悔。

它们是有建设性的压力，会让你得到另一种精神上的补偿。

一般人常用的减压方式，有下列几种：

一、山洪暴发法

工作或人生有压力时，最怕的是你选择的“娱乐频道”会为你带来更大的压力。比如，从前我看到一位主管，平时有说有笑，但当他压力太大时，他就会在众人完全无预期的状况下，变成一头发疯的狮子。

我亲眼看过他把杯子扫向他的一位下属，只因下属的报告里有一个错字。

他平时的解压方式是打麻将。但很明显的，打麻将完全无助于解压，有一次，我在同事家又看到他的奇异举动：他工作不顺利，打麻将手气又不佳，碰巧有人不太长眼，在自摸之后还小小地刻薄了一下其他三家，他心情大为不爽，瞬间掀翻了桌子，我差一点被飞过来的烟灰缸砸到。

二、醉生梦死法

你用疯狂购物、打牌、药物、酒精、寻欢的方式来逃避压力，通常都是暂时的，只会增加某一部分的压力，麻痹一阵子之后，身心健康都受到影响，心灵仍然空虚，人生更加无趣。

三、全盘改变法

有些人，则擅长用“激烈改变人生”解压，压力大时，就会想来个“大动作”：辞职，换个工作，甚至与恋人分手。

因为他们擅长“归罪”，不擅长解决。只要一有不顺，都觉得“一定是 ×× 害的才会这样，只要离开他（或它）就会好了”，完全不肯面对问题的结果是：换来换去，在工作上失去累积经验的能力。当这种人的情人，更是何其无辜。

让学习变成一种减压行为

学习，只要抱着学不会也好歹长一点知识的心态，是很好的减压方式。它会让你的心灵得到安慰和获得成就感。

多年前我就告诉自己：人生是很有限的，为了让自己体会不一样的乐趣，我每一两年都会安排自己学新的东西，比如陶艺、摄影、弗朗明戈舞、表演、游泳或潜水……虽然我都没有成“家”，跟专业人士比起来，我懂的就算不是皮毛，也只能算是刚进入“真皮层”吧，但是它们都曾经让我一时狂热，也都能够让我的人生多了不一样的成就感，也意外带给我不少的写作灵感，增加了许多题材。

甚至，连我现在的工作——主持，在十年前，也不过被我当成一个“上补习班”的娱乐频道而已。当时有人找完全没经验的我跨足这一行，很多朋友曾经告诉我：“不要自毁作家形象”，或很诚恳地给我“你其实并不适合这一行”的建议。我也曾经因为自己表现得很生涩，想要逃离，但后来，我也改变了自己的密码：我把它当成一个“有人给我钱又可以补习”的课程，鼓励自己尝试挑战，不知不觉中，它竟然变成了我的主要工作之一。

学习，只要尽量按时前去。

我在学习的另外收获是：交到了许许多多志同道合的朋友。

愿意学习的人，都有愿意迎向阳光的特质，也都很愿意在他们的专业上提供协助。

学习可以减压，而且可以建立“正向”的人脉，甚至可能成为你真正的专长，有什么事比它划算？唯一要调整的只是你的心态：别把学习视为苦差事，如此而已。

你选择的“娱乐方式”，常在不知不觉间决定你的未来。

时间立体化 3

压力可以变成好朋友

人性是很奇妙的。如果你太没有压力，常常会把不该由自己承受的压力也承揽到自己身上来。

你有没有看过一种人，他们觉得“压力很大”，其实是因为自己太闲？

有位朋友，是一位杰出的医师。

有一段时间，由于医院斗争剧烈，他决定辞职回家。反正，工作了十年，该赚的钱也赚够了，他认为自己花费不多，可以过着“采菊东篱下，悠然见南山”的日子，回家还可以好好地陪伴妻子和孩子。

问题不久就接踵而来了，以前会抱怨他没时间陪家人的妻子，竟然每天想尽办法叫他“出去走走也好”，当他想要开始“教育小孩”时，妻子甚至常常表示“这个以前我都是这样教的，你不要来破坏规矩好不好”。

他本来是个喜欢种花的人。可是，完全辞职回家之后，他花了两个星期兴趣盎然地修整花园之后，就开始变懒了，每天看着花草发呆。

人家都羡慕他想得开，但这样的日子过了四个月之后，他对我说："怎么办？以前在医院里，人事斗争让我觉得压力很大，常喘不过气来，现在我觉得喘不过气来，我感到自己的压力很大，可是又说不出哪里压力大。"

我笑着对他说："如果你砍掉最大的压力，那么，第二大的压力就会变成最大的压力。"

这不是我自创的理念。我曾经读过一本书，书上谈到，碰到我们讨厌的人，千万要学会面对他，而不要千方百计地诅咒他、去除他或自己逃跑。因为如果我们真的那么在意我们最讨厌的人，那么当最讨厌的人跑掉之后，第二讨厌的人就会升格成最讨厌的人。

关键不在于它有多讨厌、多有压力，在于我们如何看待它。

这位医师朋友，后来开了自己的诊所，打消了从此"退隐江湖"的念头。他的妻子后来对他说：其实，你回家的那段时间，变得很难相处，动不动脸就沉下来，我所承受的压力，反而比你在大医院工作时还大。那时候你每天躲在家里，连朋友也不想来往，我真的很担心你。

压力太小人变笨

人性是很奇妙的。如果你太没有压力，常常会把不该由自己承受的压力也承揽到自己身上来。我看过很多“压力很大”的家庭主妇，她们虽然不必担心工作压力，但在她们的人生顺位里：“婆媳压力”、“夫妻相处的压力”和“经济压力”的顺位反而提升。

我们对压力常有负面的认知。

其实，压力不是坏东西。

我把它分为“负面压力”和“良性压力”。适当的负面压力可以砥砺你，适当的良性压力也可以砥砺你。

完全没有压力其实很可怕。试想，你在打某一种电玩时，如果没有竞争，没有成绩，没有关卡，没有最终目标，不会赢得战利品，也完全不刺激，你玩得下去吗？

固然，压力太大一定会有负面反应，比如：匆忙、急躁、负面想法丛生、容易指责别人、疲倦、神经兮兮、不愿耐心倾听、企图快刀斩乱麻、小题大做、慌张却一事无成、失眠……

请参考我的观察吧。如果一个人有足够能力或雄心，却处在“压力过低”的状态，他会变得：

愤世嫉俗、眼高手低。

消极，慢慢有了反社会人格。

内向，渐渐变得孤僻和怕生。

活得了无生气，常说自己很烦。

做什么都敷衍了事，心不在焉。

因为太没事做，找别人麻烦。

眼界渐小，心胸渐窄，常误会别人想法。

爱管闲事，明明不是自己的事，也拿来烦自己也烦别人。

以上都不是压力太大才有的状况，而是太没压力会出现的状况。

当一个人处在“理想压力”状态，他才能够真的有洞察力，对别人有同理心，积极、冷静而且会具有创意。

压力太小者，最好的做法，是增加压力。

压力太大者，必然得减小压力。

我发现自己压力太小时，会找一些新鲜的事做，学新东西，听一场新的演讲。

压力太大时，我选择旅行、运动、独处、看一本有趣的书，我甚至曾在自己的牛仔裤上设计花样、缝上亮片。还有，前已提及，身为一个作者，写作，是我的减压方式。

将写作当作减压方式是有前提的：

一，你熟悉且热爱这种表达方式；

二，你不靠它谋生。

如果你也可以找到你最具建设性的解压方式，那么，你的人生就会变得苦少乐多。

时间立体化 4

不要把米格鲁当成玛尔济斯养

有一位朋友，不久前领养了一只流浪狗。那是一只一岁大的大型米格鲁，第一眼看到它的时候，每个人都会惊叹，它是多么结实而漂亮。

“一定是走失的吧，主人一定很着急，这么漂亮的狗，怎么可能被人家弃养呢？”

我这位有爱心的朋友也很得意，他觉得自己能捡到它，等于是捡到“天上掉下来的礼物”。

不多久，我又看到这位朋友，除了跟他问好之外，我也问他：“你的狗好吗？”

“唉，别提了，我终于知道，为什么它会被弃养了。”

“怎么了？”

“第二天我下班一回家，就发现我家的墙壁有好几个大洞，装潢毁了，水管全都外露。就是它干的。”

除此之外，他家的枕头、棉被、塑料袋和靠垫，无一完整，只要主人不在家，就会有东西四分五裂。由于他家住的是三层的公寓，没有庭院，所以他很苦恼，目前的权宜之计，是在家里放了一个超大型的铁笼，他去上班时，就将狗关起来。

我建议他送这只狗上学，现在台湾有专门训练狗的学校。不然，哪一天他忍无可忍，可怜的狗又会再度流落街头。

这可不是米格鲁的错！根本就是人一厢情愿的错！

只能怪主人家腹地太小，又不了解米格鲁的血统问题吧。

米格鲁从十八世纪开始，就是英国皇室的猎兔犬，你想想看，能够连矫捷的兔子都追得到的狗，脚程有多么厉害！它们叫做“兔子杀手”！而你竟然不明就里地期待，现代都市家庭狭小的空间可以满足它们的运动欲望！

我也看过很乖巧文静的米格鲁，但那应该是后天驯化过的结果吧。

把自己用在对的地方

每个人所需要的“时间节奏”不同，有的人天生像条镇定的老狗一样懒洋洋，有些人就是猎犬。也许可以稍加改变，但是过度矫正自己的时间节奏，我们很容易觉得压力很大、很不快乐。或许，这些节奏老早就存在我们的基因里。

有些人从小是乖乖宝，有些人从小就是过动型儿童。

你要过动儿当乖乖宝，除非把他绑起来，就算绑起来，他也会大哭大叫。但是，如果过动儿找到一种能让自己安静下来的方式，他在那一方面的专长，一定会出类拔萃。

有时候我们必须听从“基因的指令”。太爱动的人，你叫他休息，他可能会痛苦不堪。

资深广告人孙大伟就曾说过，自己小时候“八成是个过动儿”，妈妈说他“屁股是尖的，永远坐不住”，他也因此挨了不少骂。

我也看过一个故事。有个叫李尚轩的十八岁男生，从小就有学习迟缓的问题。两岁半，还不会说话，到了四岁半，才开始喊爸妈。让爸妈最痛苦的是，他根本坐不住，总是不停地垫着脚尖旋转，别人叫他，他都不理会，后来经过医生检查，被证实患有“过动型自闭症”。

还好他有个细心的母亲，发现他记电话、车牌过目不忘，五岁时送他去学钢琴，他终于能够安安静静坐下来，只要弹过几次，他就会将乐谱牢牢记在心里，弹琴时根本不用看谱。连钢琴教师都觉得不可思议。

现在，他已经赢得无数钢琴比赛。

如果母亲没有看出他的特长，他恐怕只能一生与自己的障碍为伍。

把自己放对地方，非常重要。

找到适合自己的时间表，也是最重要的。

每个人都在谈“OFF 学”时，请一定要了解，人人需要的“OFF”方式和时间长短以及内容，完全不一样。

时间立体化 5

时间管理不可以不自私

你有权处理自己的时间，也有责任拒绝一些你不想做的事。掌控时间的权柄，应该握在自己手中。

我曾为某个知名的报纸写每日专栏，一写就是四年。有一位读者是银行职员，某一天我到银行办理汇款时，她问我：“你这样每天都要写，不是很痛苦吗？对我来说，要我写两行字，我就头痛万分。”

我觉得还好，也还蛮有趣的，写作这个工作，对我来说，从来没有和“痛苦”扯上边。

由于个性与喜好不同，每个人适合做的工作都不一样。如果要我每天都当银行职员，我可能会很痛苦，我没有办法很精确地数钞票，多填一个零也可能毫无警觉，我的客户也会很辛苦，而我的主管可能会抓狂。

有一句可爱的名言叫做：“不要教猪唱歌，你会很痛苦，而猪也会很不高兴。”

让我做我不擅长的、必须谨言慎行的工作，我一定会变成一只痛苦而且抓狂的猪。

别把米格鲁当玛尔济斯养，也别教猪唱歌。时间管理也一样。

掌控时间的权柄，牢牢握手中

美国知名的女性演说家露丝·克雷恩（Ruth Klein）谈到时间管理时，曾经把成年女性分成三种类型：

第一种叫做传统型：

这种人，需要把50%的时间用在家庭里，30%用在个人活动，20%花在外面的工作。

她碰到过一个自称快要崩溃的家庭主妇，检视这位主妇的个性和时间表，她发现：这位太太是传统型的女人，在家时间多，她才会自在，结果她为了“爱心不落人后”，把自己50%的时间花在女儿的学校当义工，疲于奔命，家里想做的事做不完，则使她有很深的罪恶感。

第二种是过渡型：

这样的女人希望兼顾家庭和工作，她们需要35%的时间工作，35%的时间用在家庭，30%的时间用在个人的活动上。

这样的女人在台湾应该占大多数，但她们多数可能花50%的时间上班，50%在家庭，一点儿个人时间也没有，上班时怨叹顾不了家，回家后又怨叹家事做也做不完，其实最大的症结在于她没有个人活动的时间，所以活得像一个无法断电的吸尘器。

第三种女人是追求成就型：

她们希望把50%的时间花在事业上，25%花在个人活动上，25%以下花在家庭中。就克雷恩的研究，追求成就的女人，如果在家里当百分百的育儿机器，小孩和老公可能不会过得太舒服，而她自己精神上也容易出问题，反而觉得人生压力很大。

你注意到这三种女人类型的共通点何在了吗？我认为，重点在于：不管你是哪一型的女人，你或多或少都需要有“个人时间”。不要把所有时间都奉献出去。

把所有时间都奉献出去，会让你觉得自己被无形的催魂索追赶。

你有权处理自己的时间，也有责任拒绝一些你不想做的事。

掌控时间的权柄，应该握在自己手中。

时间立体化 6

高标准让你变成完美的奴隶

某些传统的高标准，只会让你变成完美的奴隶，让你失去自由，也失去人生乐趣。“取舍”是时间管理必须有的智慧。

是的，如果你是一只米格鲁，就去野外猎兔吧，不要在房子里趁主人不在的时候把水管挖出来。

人很幸运，比米格鲁拥有更多选择的自由。

我应该属于上述的第三种类型：追求成就型。我必须工作时，并不介意吃便利商店的便当度日，叫我最痛苦的事绝对不是微积分和代数，而是擦地板和洗碗。

我只要想起家里有一堆碗没洗，压力就很大。不过，如果要强迫我变成一个爱做家事的人，恐怕整个家庭的压力都很大。

有些贤惠的女性朋友曾对我说：跪着擦地板可以当运动，又可以减肥。

这些话对我没什么效。我恨擦地板，我曾经跟一位好友抱怨：“人类都已经能够搭航天飞机到外层空间旅行了，为什么我们一定要用那么费力而无聊的方式做清洁工作呢？”可是，我又渴望能够过着干净的生活。

我后来请了家政公司来帮忙。他们很快发现，我是个好客户，我对于别人整理过的家，都觉得十分满意——反正他们都做得比我好。

更何况，要我痛苦地擦地板的“机会成本”太高了（这一点，本书会在稍后解释，是的，没有“机会成本”概念的人，永远做不好时间管理的），如果我将时间拿来工作，我赚取的应该比在家擦地板来得多，而且我会很高兴。因为“委外”的缘故，所以家务问题从来不构成我们家夫妻吵架的原因。

也许你会说，那是因为你赚得多。

不过，话说回来，如果你属于“追求成就感类型”的人，你本来就不该赚得比家政女工少，如果还赚不到，那表示你一直把自己放错了地方。

我也看过不少赚得比我多的女人，非常想不开，因为，他们想要赢得贤惠的美名。她们想要做“全面成功的女人”，到头来，却变成全面崩溃的女人。

她们为了证明自己秀外慧中、内外兼修，把一切都奉献给工作与家庭。然后，一边做家务，一边埋怨自己那个也算杰出人士的老公不肯帮忙。这么努力的结果，反而让自己变成一个每天觉得人生无趣的女人。

“取舍”是时间管理必有的智慧

大多数抱怨“蜡烛两头烧”的女人，都是薪水不低的职业妇女。有的人因为固守某些“高标准”，以至于没办法把家事委外处理。

我从前有位女主管，就是代表人物。学历与薪水都很高的她，不时在办公室里抱怨自己回家像个女奴，要洗衣服、洗碗、擦地板。

有一次，我不小心瞄到她的手：天哪，她还真是现代苦命女，手上斑斑驳驳全是茧，还有干了的血渍，好像刚从集中营出来似的。她苦笑说：“唉，昨天洗好多碗，富贵手又裂开了，我先生都不帮忙……”

我多嘴建议她：“买个洗碗机吧。”

“不行，那多占地方，又洗不干净。”

“至少，戴个手套吧。”我说。

“不可以！”她用严正的语气指正我：“难道你不知道，戴手套洗碗洗不干净吗？”

除此之外，她还认为一定要跪着擦地板、亲手洗衣服才够干净。

引用“做家务即运动”的说法，你一定会认为，她的身材应该很苗条吧？错，我和她同办公室四年，她不但脸色越来越苦，人也越来越胖，因为她也很坚持“桌上吃不掉的东西一定要放进胃里，才不会遭天谴”的古老智慧。

这么恪尽其职，婚姻也还是会出问题。有时也该替男人想想：没有任何一个男人希望回家就看到一个苦命的女人吧（虽然，还有不少男人会用妈妈那个时代的贤惠女子标准来要求老婆）。

有些人会说，我没办法，我一定要用高标准看这一切，因为我是完美主义者。

请记住，某些传统的高标准，只会让你变成完美的奴隶，让你失去自由，也失去人生乐趣。

“取舍”是时间管理必须有的智慧。

时间立体化 7

利用剩余时间，化整为零

杜甫曾经说：读书破万卷，下笔如有神。很多东西，只要你喜欢，你就会不知不觉地会了。

那么，为什么你这么忙还有时间看书呢？

答案也一样。

我常常把书和杂志带进摄影棚里，这有一箭三雕的功能：增长自己的知识，避免有时间聊是非（该地像办公室的茶水间一样，是个是非之地，多言通常会惹祸），还有让自己暂时脱离一下职场的紧张气氛。

有一阵子，我一个星期有六天在录像，平均我一天可以看完一本书和一本杂志。积少成多的观念在知识累积上很能发挥作用：如果我一年工作三百天，那么，我一年就可以看完三百本书和三百本杂志，我连念 EMBA 时的管理会计、财务管理等艰深课程，都是在摄影棚里读完大半的。

当然，主持人有得天独厚的优势，我不需要在休息时间还被人家吆来喝去。

善用空闲时间力量大

和我一样善用空闲时间的还有蔡康永。我们一起主持节目时，还会交换读书心得。我觉得很棒，专程找这样的杰出人士开读书会，可能还要付给他高昂的导读费，而他的读书意见对我来说是免费的。

也许你会问我，那录像呢，录像不需要准备吗?

当然需要，我采取了一个好方法，要制作单位在录像前先将脚本以电子邮件的方式发给我。我会在录像前先看完，把重点记下来。

读脚本和读书有相同的关键：只要你擅长阅读，你就能够在极短时间内记下重点，你会明白，哪里是最有张力、最需要铺陈的地方。

杜甫曾经说：读书破万卷，下笔如有神。

很多东西，只要你喜欢，你就会不知不觉的会了。

我看书看得很快——这并不需要练速读。真正的答案很无聊：只要你每天看，你一定会越看越快，你如果很怕字，那么，你去练速读也没用。侯文咏曾经对我说，他曾想听懂英文新闻，于是每天在开车时都听 BBC（英国广播公司的广播），刚开始，只能抓住几个生字，但过了一段时间后，他发现自己已经完全不费力地了解所有新闻的内容——不必查生字，也不必阅读什么“关键技巧”。潜移默化的力量是巨大的。

时间立体化 8

选一块自己喜欢的入门砖

滴水可以穿石，除了谈恋爱和买乐透彩票不适用之外，在培养个人的能力上，你付出的时间与心力都和你的成就成正比。

有一年的时间，我每个月都要在北京待上四天录制电视节目。虽然我很早就会看简体字，但是如果让我选书，我当然会选繁体字看：以速度来说，我读繁体字可以一目数行，而简体字还需字字阅读，速度缓慢很多。后来，我决定给自己一个任务：考查北京日渐蓬勃的杂志市场，只要到了北京，我就把书报摊上我觉得有趣的时尚、装潢、设计、财经等杂志都买回来，当成工作外的娱乐。

自然而然的，不到半年，我发现我看简体字的速度突飞猛进，目前并不会比看繁体字慢很多。

没有任何事是困难的，只要你喜欢，而且愿意日日接近它。那一个刁钻的密码，会在不知不觉间被改变。

接近，要从自己有兴趣的地方开始，入门砖千万不要太高，否则只会让自己绊倒。我们心里有一个小孩，也有一个老师，老师必须对小孩循循善诱，他才能往前走。

别先被无聊打败

这让我想起自己在学习外语上的经验。

你一定也会承认，所有外国语的基本教材都是很无聊的，都从“你好吗”“我很好”“请问车站往哪里走？”等句子教起的。

稍稍复杂一点的句子，即使你背得再熟，考完试后若没有用到的机会，你就忘掉了。

读无聊的课文时，想要专注心力是很困难的，很多人在还没有入门前，就被无聊单调的应用句型打败。

不少学英文学得很好的人，常是从英文歌曲入手的。想要把歌词的意思搞懂，或把歌唱好，都是他们学习的动力。他们的入门砖，变成了一个美味的萝卜，让他们乐此不疲地往前跑。

对我来说，吸引力比较大的是故事。

我爸爸退休前是教英文的教授，他是专门教英文语法的。

从英文语法来学英文，显然英文世界充满了一些规则与公式，就算我想要当个孝顺的女儿，想让爸爸觉得虎父无犬女——我的英文还是没办法从语法来入门。

简短英文童话故事和小说给我的英文一线曙光——任何书都是这

样的：当你想要看“下一页”时，“这一页”的障碍就比较容易被克服。

生字是阅读英文的绊脚石，如果你一开始就逐字查字典，恐怕不多久就会被麻烦打败，童话和小说里头的生字通常不会只出现一次，多看几页，你很容易猜出它的意思。

请找自己最感兴趣的东西开始入门，别跟自己过不去。

滴水可以穿石，是古老格言，也是真理，在人生中，多试几次总会成功，除了谈恋爱和买彩票不适用之外，在培养个人的能力上，你付出的时间与心力都和你的成就成正比。

时间立体化 9

害怕独立，一定浪费时间

独立，可以使一个人完成他想要完成的事情。女人常常没想到，有些事是可以自己独立完成的。

为什么你还有时间出去玩？

答案也是，你一定要玩，而且要培养玩的能力。

找时间去玩的能力，和你独立的能力成正比。

一个人之所以能顺畅地执行自己的时间管理，秘诀在于：不能怕孤独。

害怕孤独一定会浪费时间。

我有个朋友，有钱有闲，但他常常疑惑："时间好像很多，但完成的事情好像不多。"

我观察了他的习惯，觉得问题出在：他太害怕孤独了。

他开车或走路的时候，一定要找人聊天，要不，那一段空白会变成难以忍耐的寂寞。有一次我有事找他，本来只想要问一件事情，聊了两分钟，事情就说完了。我跟他说了再见，他忽然对我说："我们再聊聊嘛。”这一聊，就是一个钟头，聊天内容包罗万象，从心理测验、减肥美食到国家大事，直到后来他说：“谢谢你，我终于开到我家了。”

这是他的习惯，只要觉得孤独，一定要找人聊聊。一聊就无法控制。不过，后来朋友们都很害怕，在很忙的时候，一看到显示来电是他，都不敢接电话。

如果你出国旅行，一定要呼朋引伴，一定要经过“完美的规划”，那么，东等西等，你的旅行常因为突发事件而取消。

很多人参加过团体旅行。

跟团旅行，花费时间最久的，常不是在旅行，而是在等待。

有一次，我在罗马碰到一位跟团旅行的朋友，他说，连早上集合的时间都比观光时间久。连古罗马竞技场，都因为赶行程的缘故，只有二十分钟的时间可以停留。该团为了赶到中国餐厅进餐，常要花一两个小时车程，再花一两个小时才能到那些位于“鸟不生蛋的地方”的旅馆（市区旅馆往往因为容量或其他考虑而不接受观光团）。

如果你做什么一定要有人陪，那么，同一时间内你可以完成的事一定不多。

我从小看过不少“连上厕所都一定要手牵手才要去”“连到图书馆复习都要男友陪”的女生和“如果没有人陪，我哪里都不想去”的人。

不依赖，人生才自在

做什么都要有人陪，你做一件事的时间，常比可以独立行动的人多两三倍。甚至，你会因为害怕而放弃很多人生乐趣。

由于很早就离开家出外求学的缘故，我独自行走江湖的能力算是很不错的，这使我因为不必等待别人的成全，多了不少时间。

以看电影为例，我的上班时间和友人的上班时间大不相同，如果一定要等朋友陪才看电影，大概一年都看不了一部。

有一次我看完电影正在街上东晃西晃，正巧碰到了一位中学同学。她问我刚刚做了什么。“哇，你好幸福，还可以看电影，像我先生都不陪我看，我不知道有几百年没看电影了。”

即使在我最忙的时候，精彩的电影我都没有错过。

独立，可以使一个人完成他想要完成的事情。不只是看电影。

女人常常没想到，有些事是自己可以独立完成的，不只是大事。

如果你是一个有耐心、喜欢等待的人，请享受“众乐乐”带来的乐趣；如果你天生耐心不足，与其发牢骚怪罪别人“都是他妨害了我的人生”，那么，不如渐渐学会独立完成某些事情。

“无所待”是一种“不依赖”的智慧，这是庄子哲学的主要概念之一。庄子认

为，逍遥的本质，就是“无所待”。只有不依赖和等待任何人，人生才能自在。

有些事，确实需要团队合作或请求支持。

有些事，你自己做比较快。

判断什么事最好自己做，什么事可以一起来，是生活中奥妙的智慧。

最浪费时间的事

1. 不断重复某一件游戏规则相同的事——包括工作或娱乐。
2. 常常进行闲聊八卦，东扯西扯的下午茶，喝完后通常很空虚，对吧？
3. 沉溺于电脑、电视、电话。
4. 报复，与某人缠斗不休。
5. 不断地找东西。

时间立体化 10

早退休未必早幸福，只是需要时间管理

我们拥有的一切，可能本来就是美好的，只因为人们都有“近庙欺神”“做一行怨一行”的习性。

每个人的时间节奏不一样，但是，请不要太固执，你以为你需要的，可能和真正让你快乐的不一样。

千万不要受了别人的影响，也不要跟流行走。

不久前，很流行“早退休早幸福”的说法。很多人辛苦地工作，就是为了要退休。还没吃到的糖在想象力的加料上总是甜的。

事实上，我们来看一看，退休后的人过的是什么样的日子。

有一个研究机构对于六十岁以上的退休男性做调查，结果发现，54% 的人认为自己退休后很无聊，40%觉得自己无用，21%与家人的摩擦增多。这是个复选题。认为自己退休后才真正找到自我的人，非常非常的少。

如果你想要找到“真正要的生活”，千万不要等退休后才去找。

我们常常在痛苦的时候想要脱离痛苦，于是就安慰自己：没关系，有一个天堂在等待着我。对于很多上班族而言，那就是退休，或者，那就是有钱。

幻想“我有钱就快乐了”的人，和幻想“我不工作就快乐”的人几乎一样多。

六十岁退休都那么无聊，何况是那些被认为是“中年退休好幸福”的夫妻。

你需要的不是永远逃走，而是暂时疏解

我有不少朋友，在科技业分到了股票，赚了几千万元，三十多岁，就想要退休，跟着移民潮到山明水秀的温哥华去，后来，大部分人都搬了回来。

“虽然存下来的钱可以在那里过一辈子，可是一直慢慢地坐吃山空的感觉还是令人发慌。夫妻之间的吵架变多了。以前是忙得没时间讲话，现在是不想跟他讲话。”

“人生失去了目标，不知道要做什么，觉得自己是个废人。”

小孩很开心，大人不快乐，为什么？因为大人的生活模式，早已经固定了。

也有朋友搬到苗栗山上或金瓜石山上的，这些勤奋的朋友在隐居一阵子之后，竟然都在那边开了民宿，奋斗过程比当时为老板打拼时更艰辛。虽然，他们在当民宿老板后可能比较快乐。

“找点事做嘛。”本来打算不理世事的他们说。

为什么好山好水会好无聊呢？因为从前是忙碌的无聊，现在是无所事事的无聊，其实都是无聊。除非你的提早退休是有“更重要的事要做”，否则，你如果打算只是让自己无事悠游，一定很无聊。就算环游世界，旅程总有结束的一天，无聊仍然会来到。你现在应该未雨绸缪的，不是退休后如何有钱过生活，而是找到一个让你能够热血沸腾，觉得自己没有白活的目标，可以让你善尽自己的努力。

我们拥有的一切，可能本来就是美好的，只因为人们都有“近庙欺神”“做一行怨一行”的习性。

有一位香港作家朋友，也搬回了她的原居地。照理说，她应该是属于在哪里都可以闭门写作的人，看着好山好水写作，不是很美妙吗？

“我后来发现，自己在那里变得肠枯思竭，写来写去都是移民社会的人，连我自己都觉得自己写的东西变得不好看了，万籁俱寂的夜里，忽然怀念起家乡闹市人声杂乱、鸡犬之声相闻的感觉，原来我一直想逃离的熟悉的那一切，是为我血液中输送灵感的要素。”

“对一个东西厌烦，就想要永远逃走”是人们都有的迷思。逃走后，又发现它的好处来了。

你需要的或许不是永远逃走，而是暂时疏解，让你有点空间与闲暇，发现现在的美妙。

不擅长安排自己人生时间表的人，若到四十岁就赶流行退休，其中不满意退休生活的人，会比上述那个对六十岁以上老人所做的调查中感觉“吵架增多”“无用感”“无聊”的人多得多。

你不必赶着退休，你有这样的愿望，只是因为现在的生活，让你感觉太忙乱，忙得喘不过气，也许你只需要调整一下你的时间管理表。

时间立体化 11

把自己变成高级住宅区

你不一定要让自己现在就排满事做，但一定要让现在的人生就有美好的事做。

我一直相信，现代人所谓的压力太大，多半不是工作太多，而是乐趣太少。乐趣太少，是因为时间表安排得不好。你一直在做别人要你做的事，所以你才以为，退休或有钱后，你才能做自己要做的事。

可是，如果你现在不习惯积极一点儿，把你要做的事在现阶段就排入时间表，那么，在年华老去之后，当别人没要你做事时，你会觉得无用且无聊。只因你始终没有学会管理自己。

你不一定要让自己现在就排满事做，但一定要让现在的人生就有美好的事做。你，像一座都市，如果没有种植任何绿树，无论多繁荣，你也只是一座工业城，只有在高楼大厦间有绿荫夹道与鸟语花香的都市，才是适合人居的文明都会。

你有没有发现，如果建筑开发商在规划一个区域时，拼了命抢空间盖房子，往往最后只会让那个区域沦为贫民区或“都市之瘤”？如果能够空下一些地方，不要把房子盖得太密，让绿意与空间点缀其间，那一个地区的房价铁定降不下来？

是的，我们要善用容积率，把自己变成“高级住宅区”。

你要有“电梯”——如果你的楼盖得很高，就需要善用某些工具进行时间管理，不要气喘吁吁地爬楼梯。

你也要“人车分道”——工作时工作，休闲时休闲，不要混在一块儿。

高级住宅区，要有好门、好锁、好隔间，不能让什么人都能进到你家或你的房间随意打扰你。

要有“观景窗”和美好的窗外景色，让自己的视野延伸，在家的时候，你才能够不觉得自己活得很局促。

你的时间管理策略可以把自己变成不会贬值的高级住宅区，也可以变成贫民区。

Part:02 杀死时间的八个刽子手

“暂时放下”的哲学，在工作、爱情、亲情上和人际关系上都是很重要的。

“放下”是时间管理的最高技巧。

谁杀了你的时间

管好情绪，才能管好时间

时间不够，可以想办法筹足；心意不足，恐怕就需要一番大彻大悟，并不只是时间管理的问题。

有个故事在网络上流传很久，或许你也像我一样，在你的邮箱里收过好多次同样的邮件。

这个故事叫做“跟爸爸借钱的小孩”。

某一天深夜，上班族爸爸加班回家，客厅的灯还亮着，五岁儿子等他等很久了：“爸爸，我可以问你一个问题吗？”

“什么问题？”爸爸很累，语气有点不耐烦。

“爸，请问你一个小时可以赚多少钱？”

爸爸不认为这么小的孩子会有什么金钱概念。“你不需要知道这些，赶快去睡觉。”

“我只是想知道，你加班一个小时赚多少钱嘛。”孩子不肯罢休。

“好吧，”爸爸在心里盘算了一下：“加班一小时，差不多是二十块美金。”

“那么……”小孩又提出要求：“你可以借我十块钱吗？”

“你要十块做什么？”

“现在不能说。”小孩说。

“不行。”爸爸认为，十块美金对一个五岁小孩来说太多了：“赶快去睡觉，你的玩具已经够多了，如果想要买玩具，先要问妈妈。爸爸这么累了，你不要吵。”

眼看爸爸有点生气，小孩安静地回到自己的房间里。跟很多随便对小孩发小脾气的大人一样，爸爸上床前有点懊悔，也许自己对儿子太凶了。只是十块钱嘛，也许他想存钱。

他悄悄打开儿子房间，小孩还没睡。“十块钱，嗯，给你，你不要乱花唷。”

小孩笑了：“谢谢爹地，我最爱你了。”

接着，他从自己枕头底下拿出了一些褶皱的钞票和零散硬币，小心翼翼地数着。

“你已经有钱了，为什么还要跟我？要这么多钱做什么？”爸爸惊呼道。

“爸爸，这给你。”小孩把那一沓钱交到父亲手里：“总共二十块，买你一小时，明天你可以回家陪我吃晚餐吗？”

对于很多尽心尽力养家的辛苦父母而言，这是一个令人心酸的残酷故事。

我相信，多数没有时间陪孩子的人，都有他“不得已的苦衷”。

世界上没有一家公司，喜欢听到员工用“我要回家陪小孩”当借口拒绝加班，老板心里应该会这么想：“谁家没小孩呀？你以为只有你家有小孩吗？”

现代社会竞争压力很大，没有人胆敢“以私害公”。如果真提出这样的理由拒绝加班，那么，你可能会永远回家陪小孩，而小孩可能吃不饱、养不好，还要受你的气。

是时间不够，还是心意不足？

我跟很多青少年聊过天，他们最怕听到父母把他们当成“耽误父母人生的替罪羔羊”。有些父母常会心直口快地说：“都是因为你们，不然我早就……”

好像小孩谋杀了他的人生与时间。孩子们真是“担当不起”啊。

真的是这样吗？然而，这世界上还是不乏工作忙碌又受到小孩敬爱、让小孩也能体谅到：“你这么忙，我也应该要帮点忙”的父母。

真正的凶手应该是我们自己。我们没有学会管理时间。时间管理不好，情绪自然就不佳。

没有耐心仔细剖析人生问题的人，只想找渠道发泄。这样的人，做不好时间管理，也做不好情绪管理。找个可诅咒的原因是容易的，但如果一个人觉得事事都错不在我，那么，人生也没有再进步的可能。

上述这个故事里的父亲，最好的做法，当然不是到办公室去骂主管：“你剥夺了我的家庭生活！从此之后我不要再加班。”

他应该尝试的是，是不是有一些方法，可以让自己做事更有效率，至少不要每天都加班。何况，现在大部分的公司，都美其名曰地将工作改成了“责任制”，除了按时计费的蓝领阶级之外，能领到加班费的，还真的少得可怜。

他也应该对自己可怜的休闲生活进行一下时间管理，他的做人处事态度也可能有问题，再怎么忙，也不可能连一顿饭都无法陪孩子吃。这不是时间不够，而是心意不足、原则没有拿捏好。

时间不够，可以想办法筹足；心意不足，恐怕就需要一番大彻大悟，并不只是时间管理的问题。

时间刽子手 1

只要工作时间长，就代表我很努力

世界上最大的折磨，叫做“壮志消磨”。这样的工作会慢慢杀死时间、杀死你的能力，可能还会腐化你的心。

这样的人，在某些历史悠久、规模浩大的官僚机构非常常见。

我把它列为时间刽子手的第一名，因为它不只杀死时间，还会慢慢杀死一个人的能力，让一个人到老一事无成。

我曾经在一家很大的半公立机关——现在已经倒掉的媒体——待了五年。每一次我跟朋友们说起，我曾在这家机构任职这么久，大家都觉得难以置信。“看起来完全不像啊。你好像跟那家机构的性格格格不入。”

没错，我真的与它格格不入，可是，这个工作让我学到的东西实在多。

负面教材常是最好的教材。

为什么我会在那里待这么久呢？因为我心存感恩。找到那个工作之前，我失业了三个月，那对我而言真是一段最难度过的时光，没有钱，前途茫茫，居无定所，连家都不敢回。刚好碰上过年，我的年夜饭就是一个人边吃麦当劳边看小说度过的。

我是个从小很爱面子的家伙。知道回家的下场，应该就是被家人亲友大笑一顿："你不是从小就很会念书吗？不是国立大学毕业的吗？我们家族里学历最高的就是你，看吧，书念得那么好有什么用，连一个工作都找不到。"

我知道，我纯朴的乡亲与家人，一定会有人天天叫我去考律师和法官，或者非常热心地帮我相亲，希望我赶快找一张长期饭票。

我知道，自尊心太强一直是我的致命伤。当然，它有时也会帮大忙。

在我载浮载沉之际，我得到了这个工作职位，工作范围是"旅游版主编"。这个工作算是我相当喜欢的。

最重要的是我有了工作，这一点非常重要。这代表我不必要为了没钱吃饭向任何人伸手。有工作，我才能够在台北这个大都会生存下去。

女人当无业游民的压力，并没有男人来得大，但也够让我受不了的。

虽然它是一个报纸的销售量快速凋零的公司，但这却是我喜欢的工作。我欢天喜地地上班了。

其实，世界上有两种工作会让一个上班族压力很大：

一、这个工作需要的能力远超过你的能力。

二、你的能力远超过这个工作所需要的能力。

前者会让一个人喘不过气，后者会让一个人不断叹气。

工作时间长，就代表你很努力？

我很快发现，这是一家一切都要按照某种公定程序运作的机构，“多做多错，少做少错”是这家人力充足的单位奉行的法则。

虽然我对于编旅游版还蛮热衷的，我做的是我喜欢的工作。但是我闲得发慌。该部门人力充足到什么地步呢？该部门里只有七八个人，每周只负责一个版面，我负责的旅游版每周只有一次见报的机会。

据我的估计，每个礼拜我只要花三个小时的时间，就可以把所有工作轻松从容地做完。然而，按照规定，天天都要报到，每天打卡时间也一定要超过四个小时。

你可不要以为我是该机构唯一的闲人。

另一个负责行政的部门，有四个人，平常只管帮忙送申请圆珠笔、信封等杂务的申请书。如果你想要申请一小盒订书钉，你还要写正式的公文书，而且可能还要等上一个星期，打电话问好几次，那盒订书钉才会来到你的桌子上。

虽然做的事不多，但大家擅长假装很忙。

刚开始我很不长眼，我认为应该要多做一点事才对得起公司。我提出了一些可以改革版面的意见，主管认为我自找麻烦；我想多做一点儿事，同事们认为这新来的是怎么回事，觉得自己很棒，干吗这么爱表现呢？想要谋夺晋升机会吗？她是不是自视甚高，应该很有野心吧？

更不长眼的是，我认为我的工作不能只靠在办公室里头呆坐，要努力出去采访和扩展人脉，结果主管对“我常常不在座位上”这件事感到不满。

不久我就发现，这个工作的上班规则是：好员工要比早来、比晚走，至于有没有做什么，没有关系，你的考核成绩一定会好。

因为，我的主管就是这样一个人。主管对自己最自豪的事，就是他对下属的要求。

早年要考进这家曾是第一大报的报社，不是那么简单的，必然是来自各大学相关科系的人中龙凤。他就是那个时候考进来的，也一直引以为豪。他最常夸口的话，就是“我每天七点半就来上班，晚上八九点才下班。”

他认为，只要工作时间长，就代表很努力。

别打发时间

你一定想要问，他上班时在做什么吧？

老实说，我也不知道他在做什么。每天的例行工作应该是喝茶、喝酒、下棋、在网络上玩接龙吧。还有，监督我们有没有在座位上。

这么一个长时间上班的“尽责员工”，对公司的贡献是什么呢？我想，他最有威严的表现，就是在某些“不长眼”的客户打电话来时的咆哮吧。

因为他上班时间很长，所以如果有人打电话到总机，说明要找“你们主管”时，几乎都会接到他桌上那台分机来。

那几年，常有这么啼笑皆非的电话打到这个早年丰功伟业无数的报社来：“我爸走了，我们没有人要看你们的报纸，不要订报了……”

为了尊严，他常吼回去：“不订就不订，什么稀奇，混蛋！”啪啦一声，挂掉电话。

这种“客户服务”精神，现在应该看不到了吧。

可是，他偏偏觉得我太混日子了。

为了不要让我的考核成绩从乙等降为丙等，我决定跟考绩年年甲等的同事看齐（虽然我一直都还是乙等）：黏在座位上。然而，我生性好动，总不能像一只粘鼠板上的老鼠一样无语问苍天吧。桌上那部 486 计算机成为我唯一的救赎。我给自己一个工作：每天想一个故事，写一个两三千字的小小说，刚好占满我的上班时间，而且可以让主管觉得：我好认真，每天都努力地在他面前工作啊。

果然，主管对于我的工作状况比较满意了。

还是要跟这个已经倒掉的老东家说抱歉，我运用上班时间写自己的稿子，确实是有亏职守、假公济私的坏行为。

就这样，我每天练笔，练了两三年。然后，某一年，我不小心成为畅销书作家。我第一本还算畅销的书，就是我在公司电脑里完成的极短篇。

说真的，我本来打算，就算没有人给我稿费，我也还是会写作的，反正我有工作，一个饿不死也没什么事做的工作。

但是那一年稿费所产生的税金，几乎等于我四年的工作薪水。

现在说来还很痛惜，不过，在我人生中，可以忽然捧那么多因为写作而来的税上缴，应该是一个美好的奇迹。

说来也好笑，明明已经不再需要那一份薪水了，我还在那个机构多留了一年多，只因我舍不得那种很规律的每天面对着计算机写小小说的美妙日子。

说来可能要感谢那位强迫我黏在座位上的主管。

世界上最大的折磨，叫做“壮志消磨”

我常在想，这位学历、经历都很优秀的主管，本来也应该是个有理想有抱负的青年吧。他的工作能力，本来应该大于工作的需求。

他比别人幸运，很年轻就得到一个好职位，料想此生应该无风无雨。跟他一起进来的人，纷纷被别的公司挖墙脚走了，而且在新公司里日渐受到重视，他心里有点不舒服，却舍不得原职位的悠闲，也不肯放弃未来的退休金，于是，宝剑逐渐钝老，最后只能用“上班时间长”来当成自己最大的能力了。

虽然大部分的公司都喜欢“看见”员工很努力，根据我的观察，我还是要说：

工作时间长，不但不代表你很努力，很可能还意味着你很没有效率。

刚刚我曾提到，世界上有两种工作会让一个上班族压力很大：

一、这个工作需要的能力远超过你的能力。

二、你的能力远超过这个工作所需要的能力。

如果你还很年轻，那么一定要记得。如果你的状况是：工作需要的能力远超过你的能力——那么你可以有两种选择：

如果你喜欢这个工作，算你赚到了，明明你不合格，竟还会被选秀选到这个位置上。那么就拼点命让自己拥有做这个工作的能力吧。

如果你不喜欢这个工作，另有所爱，那么不要误了公司也误了自己。

如果，你自认为你的能力远超过这个工作的需要呢？

那么，请一定要想办法赶快走人，你一定身处于某种官僚机构或夕阳行业里。

世界上最大的折磨，叫做“壮志消磨”。这样的工作会慢慢杀死时间、杀死你的能力，而且可能还会腐化你的心；这样的工作会让二十岁的你，不愿意承认自己四十岁时竟然会变成那样的人！

浪费人生比浪费时间可怕。

做事不是快就好。

找到原因后，请问自己一些问题：

我真的想改吗？还是想在二十年后还在担心同样的问题？

如果不想在二十年后成为同样的人，那么，有什么方法可以改进自己的习惯？

虽然习惯这个东西，就像老鼠喜欢躲进的洞穴一样，温暖舒适且黑暗。

管好自己，管好时间

找出浪费时间的原因

1. 什么事让我忙得很抓狂？
2. 是否有什么习惯让我替自己制造麻烦？
3. 什么人让我很烦，又必须频频应付？
4. 我做了什么浪费别人时间的事？

时间刽子手 2

好好先生——什么事都好，什么事都做不好

重视承诺的人，可不能什么都承诺。否则，想要变成可信的人，却变成不能被信任的人。

你一定有这样的朋友或同学：你跟他约，他都说好，可是，事到临头，却没看到他来。不是电话关机，就是忽然才打电话来说："啊，不好意思，我现在刚好有个重要会议要开……没办法去……"

后来，你一定懒得约他，因为他多半都会放鸽子，万一他真的准时出现，你才会觉得怪怪的。

我曾有个同学，朋友们约他唱KTV，打电话给他，问他要不要来，他说："一定来，要等我哦。"

等了两个小时没来，再打电话催他，他说："马上到。"

结果，又等了两个小时他才到。

观察他的习惯之后，我们发现：如果他说"马上到"，那就是两

小时；“待会儿就到”，大概是四小时；“还要再等一下”的意思，应该就是不会到。

为什么他不早推掉这个约？为什么他不说实话？

其实这样的人，本性都很善良，他们不想让别人失望，害怕拒绝别人，所以都说好，但又不真心想去，所以就做出让人更加不舒服的事来。

因为每次都是人家等他，所以他并不知道等待滋味之可怕。

应酬放鸽子的不可怕，最可怕的是那种满口说好，把工作承担下来，到头来才放你鸽子，让你欲哭无泪的人。

言而无信是时间管理出了问题

我曾经碰到过一个“勇于承诺，死不负责”的同学。

我们每一组有四个人，每个人在学期中都善尽职责，到了学期末，只有他还没写报告。当小组长问：“这个学期的期末报告，有谁愿意写？”平常比较少来上课的他举手了。

他说，这个报告与他的行业有关。一副忠厚老实、舍他其谁的模样，让我们当下非常感恩。

没想到这是噩梦的开始。

报告要在十天后交。前几天，我们打电话问进度，他都说他会努力，正在想办法。过了几天，他仿佛从地球上消失了，谁也找不到他。

第九天，我终于找到他，很客气地问他：“请问你写好的报告需不需要我们帮你校对一遍？”

他竟然大叹了一口气说："唉，最近我心情不好，女朋友跑了，哪里还有心情写报告？"

那一刻，说真的，我好像一个速冻人，全身的血都凝固了。

我知道再求他无益，最令人咬牙切齿的不是他不写报告，而是他自愿写报告，还浪费了我们九天，最后一天晚上，几个脸皮比他薄，不敢不交报告的同学，挑灯夜战，拼拼凑凑了一个报告，交出去了。

我们都发誓，大家如果要当朋友，千万不要再跟他同一组。

最近，他跟我抱怨，他的老板不喜欢他，觉得他工作效率有问题，我差一点儿失控地告诉他：我想，你老板的眼睛应该是雪亮的。

如果没有共同任务的话，他绝对是个好人、好好先生。一同工作的话，不如把他当成零，比较不会妨碍任务。

全都说好，结果全都不好

"全都说好，结果全都不好"的事，也常在我目前的工作场合发生。

摄影棚应该是全天下最怕"该来的人没有来"的地方。

这个行业最怕"全部的人都等你一个"的状况发生，因为大家都很忙，每个明星都有通告要赶。然而，delay（延迟）也是在这个时间不太可控制的行业最常碰到的问题（有时灯光有问题，有时麦克风有问题，有时在场的人情绪有问题）。

受欢迎的明星和名嘴就是那些人，通常他们一天都有好几个不同的电视台要跑。业内的人都知道，有一些"总是迟到的人"一定要小心为妙。

发通告的执行制作必须很小心。如果让天王大牌主持人（绝对不是我）苦等一个来宾，那这个人可能就会被骂得狗血淋头，哭着回家。

据我观察，迟到的人多半是行程排得太满，以致耽误时间。

有一位知名人士，就是每个执行制作的“迟到黑名单”里都有的人物。好几次，主持人都开场半个小时了，迟到的他才偷偷摸摸地溜到来宾席上。

这个行业大家都很忙，他迟到，不是因为他比较忙，而是因为他比较聪明。

他迟到应该是故意的。执行制作发通告，为了怕大家迟到，总会把时间定在正式开录前一小时，他发现这个规则之后，就自动比原定时间晚一小时来。

就算两个通告前后相隔只有半小时，根本赶不及，他也照接不误，心想：反正有可能延期。

晚一小时来，有时还会碰上上一场录像延迟，可能还要等一小时，于是，他又自动再延半小时，完全希望“分秒不差”地赶上录像时间。

问题在于，有时候主持人也在赶时间，节目准时开录的也不少，很聪明的他常常录一半才进来。

反正到了节目最后，主持人会为他补上：“让我们来欢迎×××！”片子是可以剪到前面来的，观众们看到节目时，会以为他一开始就在场了。

他没有想到，导播与摄影师在录制节目过程中，为了要避开他的空位，有多么心力交瘁。

反正，通告费用又不会因为迟到而被减半，还是照拿不误。

可是，过了几年，敢请他上节目的人变少了。因为圈子里口耳相传：这个人很会迟到，要小心噢。只要比他准时，条件和他相差不多，就很容易成为他的“替代者”。

就算有人敢发通告给他，通常也都会把时间提前。同一场的来宾四点来，跟他可能就说好三点，算准了他会迟到一个小时以上。

重视承诺才有出息

我曾经听过有关于这位老兄的有趣对话：主持人看到名单里有他，问执行制作说：“天哪，我晚上还要回去给我爸庆生呢，他那么会迟到，干吗还请他？”

“这……因为他要的通告费不高啦，本节目制作经费有限嘛。还有……我已经提早通知他一个半小时了，他应该不会迟到吧。”

但是那天，聪明的他还是稍微的迟到了。

执行制作铁青着脸赶到大门口迎接他：“喂，拜托，我发您两点半，您怎么四点才来？”

“我算准你们节目一定会延期啦。”他还很得意自己的神机妙算呢。

不守时是一种恶性循环。不准时，会让人家有很多“不信任”的联想。这一位知名人士，其实是个好人，人家邀请他，他都说好，企图用极为紧密的行程表，把一切一网打尽。

我真想要告诉他，何不干脆提高通告费，少接一点通告，这样既保了收入，也保住了信任呢。

每一个行程间的“留白”是很重要的。我们都尝过一种滋味：重要会议却碰上大塞车，塞在车里五内如焚，感觉脑细胞一分一秒大量的被焦躁的怒火烧掉……

时间管理的前提，是重视承诺。重视承诺的人，可不能什么都承诺。否则，想要变成一个可信的人，却变成了一个不能被信任的人。

时间刽子手 3

玩的时候，还在想工作

不该玩的时候想玩，该玩时又想到功课还没写，不能尽兴玩。那么，我们人生何时才会快乐呢?

有个禅宗的小故事是这样的。

弟子问慧海师父：什么是修行?

慧海说："饥餐困眠。"（意思就是：想吃饭时吃饭，想睡觉时睡觉。）

弟子不懂，说："我也是饿了就吃，困了就睡，为什么我不觉得自己在修行?"

慧海说："世人在吃饭的时候，通常都不肯好好吃饭，只想着这个那个，千般计较；睡觉时也不肯睡觉，梦里也东想西想，百般思索，所以吃饭时没有好好吃饭，睡觉时没有好好睡觉，都不是修行。"

这个故事说来简单，却正好切中我们的"烦恼穴"。

不少人在上班的时候，想着要下班；下班了又想着上班的事情，不是吗？

担心是最烂的礼物

这是一个女性友人的故事。

她和先生一起创业，平时的确很关心孩子，上班时担心孩子的状况，常常打电话到小孩念书的幼儿园去问东问西，使得自己变成园方公认的“神经妈妈”，她自己也知道，却无法改变。可是，下班后，她对自己的孩子却很没耐心，根本就是一个暴躁的母亲，常忍不住开骂，让已经很乖巧的孩子泪水汪汪。又常跟先生抱怨公司同事，让家里弥漫着低气压。

有天她的先生受不了了，很理性地跟她讨论：你是不是工作压力太重，要不要休息一下？碰巧她的大学同学正在招兵买马，邀请她一起到美国旅行，她在家人的支持声中出发了。

出游并没有让她减压，她还是每天打电话回来关心小孩、老公，问他们吃饭没、过得好吗，也不忘在三更半夜（因为时差的缘故），打电话回公司问状况，旅行时心不在焉，心根本没有跟着走，跟她在一起玩的朋友都不知道该怎样再陪伴下去。

行程本来是两个星期，她玩了一个星期就玩不下去了，说是太担心家人，还是回家好了。

老公和小孩看到她忽然出现在家门口，满脸惊异。

“我舍不得离开你们。”她放下行李，给他们热烈的拥抱。

不过，拥抱并不是一个温馨的句点。第二天，她又开始在上班时打电话给先生，说幼儿园一直没人接电话，她很担心小孩……先生忍不住对她说出真话：“你担心有什么用？你的担心对孩子有益处吗？你不知道你不在家时，我们相处得多好多快乐！”

这一声“狮子吼”才让她顿悟。原来，担心是我们送给别人最烂的礼物。她觉悟到，自己把自己搞得慌乱不堪，她所爱的人不但没有受惠，反而还因为她的情绪波动而受害。

你越担心，他越不开心，你分心挂念，并不能真正造福。

做这心在那，做那心在这，是我们大部分人从小就有的专长。

不该玩的时候想玩，该玩时又想到功课还没写，不能尽兴玩。那么，我们人生何时才会快乐呢？

“暂时放下”的哲学，在工作、爱情、亲情和人际关系上都是很重要的。

放下，是时间管理的最高技巧。

时间刽子手 4

不会控制时间节奏

一个比萨，看起来大得很恐怖，但若将它一块一块切开，你就可以慢慢地、比较不费力地把它吃掉。

曾经引起微软（Microsoft）和谷歌（Google）两大公司争讼的杰出华裔人才李开复博士，在他的励志书《做最好的自己》里头，曾写到一则让他很羞愧的往事。

他念大学时，该大学法学院院长，想要为该院的成绩查询系统设计一套新软件，以和旧的系统接轨。本来想要委托校外的软件设计公司执行，但听说他是个程序设计高手，就聘请他当工读生，付他相当高的暑假工读费用。

李开复很开心，心想，这样简单的要求，根本难不倒他，满口答应，对院长说："我八月初就可以大致弄好，开始运行，到九月开学时，一定可以正式运作。”

由于他认为此事难不倒他，于是并没有马上开始设计工作，一放假先昏天黑地地和同学打了三个礼拜桥牌，开始工作后才发现，事情没有他想的那么简单，有许多繁琐的东西要处理。院长问他做到哪里了，他改口说：八月底可以大致弄好，应该不妨碍开学以后系统的运作吧。

院长发现他前期进度很缓慢，大为恼火，说自己根本不该把这么重要的事交给一个学生，马上叫他不要做了，请校外的公司接手。

他很有良心，马上低头认错，并且把已经收到的工读费用还给院长。院长并没有要他还，只是告诫他，希望他从此事得到教训。

我想这件事情对于李开复来说，应该是人生中的一大挫折，也正因为他得到了教训，所以他才能够成为一个踏实又敬业的成功者。

时间节奏的掌控很重要，自由工作者都知道：如果你外接一个案子，一开始进度就慢了下来，客户对你是绝对不会有信心的，他只会担心自己的信任被辜负而已。如果你能够主动跟他报告进度，他就会对你另眼相看。

如果等到他催你，问你进度如何？通常表示他已经投出不信任票了。

如果我能帮年轻的李博士规划的话，我一定会告诉他：每天白天工作六小时，然后开心去打桥牌。这样，你会在工作后得到奖励，也不会在打桥牌时觉得心虚，不是两全其美吗？

比萨切开法让你轻松从容

掌控时间进度是很重要的，有时要懂得把巨大的工作切开。

要从法律系考中文研究所时，我利用的就是这样的技巧。大四，我才决定报考中文研究所，虽然我自认为底子还可以，但只剩下不到一年的时间，我必须靠着自修念完中文系四年的课程。

我用的是“比萨切开法”。

一个比萨，看起来大得很恐怖，但若将它一块一块切开，你就可以慢慢地、比较不费力地把它吃掉。我的进度大概如下：文学史，每天念十页；文字学，两天念一章；声韵学，五天念一章；史记七十列传，每天早上念一个；诗三百，每天细读三首……四年的功课何其多，如果我花一个月念文字学，一个月念声韵学，恐怕不但会把自己闷死，念到考试那一天也全忘了。按照我的方法，我可以从容地把书读完，并且还可以来个总复习。

这是我的老招数了。念法律系时，我也是个不太用功的学生。因为缺乏兴趣，所以连上课都提不起劲来，老是在从事课外活动、读老师没教的书。不过，考试之前，我可不会“临时”才抱佛脚，我会在大考前两周开始有计划的抱佛脚，把自己的进度算好，达成进度，仍然可以名正言顺出去玩。像我这样一个不认真、老是向班上优等生借笔记的“学生”，到了大四竟还曾拿过奖学金，连我自己都觉得很不好意思。

一直到现在，我还是用这样的方法。我非常不喜欢临时抱佛脚的感觉，会杀死自己的脑细胞。我会提早完成该做的事，先切割它，慢慢把它从容地吃掉。

时间刽子手 5

老是急着看低自己

许多在技术或艺术上不同凡响的人，几乎都是性急的。性急又有耐性的人，才具有成功者的性格。

有人赞美日本的一位纸雕名家：“您的工作需要慢工出细活，您的个性应该也很温和吧。”

纸雕名家笑笑说：“不，我的个性一点也不温和，我是一个性急的人。因为性急，我才能毫不懈怠地完成我的作品。”

性不性急跟有没有耐性，并不能画上等号。

许多在技术或艺术上不同凡响的人，几乎都是性急的。瞧，贝多芬和毕加索的脾气都坏得要命，然而，对于所爱的事情，他们却都有超乎凡人的执着。

没错，如果观察很多创业者，你会发现，这些大老板都很性急，而在达成目标的奋斗过程中，却又充满了坚韧耐磨的个性。

性急又有耐性的人，才具有成功者的性格。

只可惜大部分性急的人，常都没有耐性，做什么事情，虎头蛇尾，到头来一事无成。原因出在：成功的性急者相信自己能，失败的性急者老是看低自己。

“唉，我一定学不会的。”“这太困难了，我不可能成功的。”“我想我应该是智商有问题。”大部分的人心里，都充满各种消极的声音。只要受到一点挫折，那个声浪就会变大：“看吧看吧，我说不行吧，放弃吧。”或“唉，认命吧。”

如果你可以把那个声音修改得温和一点，告诉自己：“再试一次，慢慢来，你可以的！”那么，你就是自己的良师益友，而不是自己的敌人了。

管好自己，管好时间

什么样的人做得好时间管理

1. 愿意思考原则的人。

2. 可以分清轻重缓急的人。

3. 有行动力的人。

4. 专心的人。

5. 不怕独立完成一件事的人。

6. 想过充实人生的人。

时间刽子手 6

到处问意见，自己没主见

人生大部分的疑问，如果自有一套原则和分析轻重缓急、利弊得失的推理逻辑，就不会浪费很多时间茫茫然然。

很多会议都是没有效率的。在我的经验里，最荒谬的一次会议发生在我在某一个杂志社当编辑部门的小主管时。

有一家知名的服装卖场公司，委托我们做一本给顾客看的刊物。合约早已签好，刊物内容已经都编好了，该公司说要开一个会议。

那个会议是从早上十点开始的，一直开到下午两点，奇怪的是，好像大家都不会饿似的。

为什么开这么久呢？因为总经理，要求该公司每一个人都来开会，都要提出看法，补充一下对内容的意见。他认为这样才是“民主”。

于是，对这个计划完全没有任何认知的人，都被一一点名，提出了问题。有个很年轻也不修边幅的家伙，花了几十分钟批斗与质疑：“我想请问我们公司做这个刊物意义何在！这会不会只是浪费钱而已？为什么要找他们做？有没有公开招标？这样的杂志对营销公司产品有用吗？”

没有人阻止他。其实他自己陷于险境而不自知。这本杂志是他们董事长亲自下令，拜托我们公司帮忙制作的，主题也是他们董事长拟定的。

前来说明的我们也不知道这个程咬金是谁，又不好意思阻止他的高谈阔论。

开会的目的在于探讨杂志内容，他却在质疑他自己公司的动机。最好笑的是他义正词严地讲完后，竟然说：“这是我的意见啦，我刚来公司两天，你们要不要听随便。我还有信要拿去寄，我要走了。”原来，他只是该公司的工读生。

那个会开了四个小时，没有人提及内容上有什么可以补充的。但我对于这家公司的运作效率非常怀疑。后来，这家公司倒闭了。

连内部开会都没效率，整个公司的营运怎么可能有效率？我也不相信这位总经理除了人很好的优点之外，会有什么魄力。连不相干的人的意见，都在浪费他的时间。

这个公司很好笑，不过，我们每个人在管理自己人生大事时，也常常把根本不明就里、不相干的家伙都找来开会，不是吗？

集思广益未必好

“集思广益”是个正面的成语，但是若你没定见，“集思”未必有益。不少女性连一些只有自己才能判断的事，都拿来到处问人。“我该不该出国读书？”“该不该跟他交往？”“结婚好不好？”当女人有疑惑的时候，最常把疑问拿去问不相干的人。要不，就拿去求神问卜。

有个现在从事3D动画设计的朋友曾说起他的遭遇。“我什么事都不敢回家跟我妈讲，因为她都会把我已经决定的事情当成是她必须替我征求答案的问题。大学的时候我自己选择念美术设计，她询问了我所有的亲戚，我念那个系好不好，然后，得到一个‘大家都反对’的答案，我的天哪，我的亲戚最高的学历是高职肄业呀。”

“我娶老婆时，问题又来了。她也到处征询亲戚们的意见，问人家我是不是该娶她？唉，人家根本连我老婆都没看过，只知道她是个女的，自己在做生意而已。”

“后来，她的亲戚有人移民到澳大利亚、新西兰，她又到处问亲戚，我是不是也应该移民？然后来告诉我，大家都希望我移民……”

他的妈妈可能因为太关心他，又无从关心起，所以替他组织了个众议院吧。

有疑问时，你当然可以祷告，可以算命，但人生大部分的疑问，如果你心中自有一套原则和分析轻重缓急、利弊得失的推理逻辑，就不会浪费很多时间茫茫然然，在原地踏步，踏得自己好烦，又解决不了问题。

时间管理要建立的是一套系统和策略，让你思考，该怎样用自己的主张，一步一步解决自己的问题。

时间刽子手 7

小事变大，化简为繁

把小事都处理得很繁琐的人，除了“工作上日积月累”所形成的习惯之外，也有可能是：怕犯错，不敢帮人做决定。

在处理事情方面，有些人会把小事变成大事，把简单的事变成繁琐的事。

请这样的人帮忙处理事情，你可能会惹上很大的麻烦。

通常的结果有三：

一、事情还没处理完，已经人尽皆知；

二、事情还没处理完，又节外生枝；

三、事情还没处理完，已经弄得你自己很烦。

多年前我曾经请过一位大学刚毕业的助理，我用她的原因，是因为她看起来人缘很好，和什么人都聊得来，没想到，这样的性格也有另外一面——她习惯以交换情报来交换友谊，什么话能讲，什么话不能讲，她都忍不住也分不清。

每一次有人打电话来，她都会很热心地跟对方聊上半个小时，变成“好朋友”，她认为先有交情才能谈事情，有一次我听见她在电话那头跟记者说：“噢，我们老板应该会答应接受采访的啦，没问题啦，包在我身上。”我因此警觉大事不妙。

如果是我交代她的事情，联络对象并不是她的熟人的话，那很可能两三天都找不到。每一次问她，她都会说：“啊，我昨天打过两次电话给她，都找不到。”

“那为什么今天不再打呢？”

“好啊，那我再打打看。”

不久，她会来告诉我：“我刚打了，她在电话中。”

对她来说，重点在于“我打电话了”，而不在于“我找到她了”，每一件小事，她都有繁琐的报告过程，如果那个人是她的熟人，而她已先做了承诺的时候，她会将所有对话巨细靡遗地报告，以导向她要的结果。

还好，在我忍无可忍之时，她出国留学去了。

不怕麻烦是好事，但别自找麻烦

有位老朋友也是个“热心肠”。某日我的居家拖鞋碰巧坏了，碰巧住在我家附近的这位好友问我：“我知道你很忙，有没有什么需要我帮你买的，尽管告诉我。”

我随口说："如果你看到的话，帮我买一双人字拖鞋回来吧。"

由于他并没有立即替我买来。过了两天，我就在巷口的运动用品店，买了新的拖鞋。三个月后，他很热心地用e-mail传来一个网站链接：这是我搜寻过全世界网站后找到的最好的塑料拖鞋，请选择你要的。

我的天哪，那是一个阿根廷的网站。我回信给他："谢谢你。这些拖鞋真的很漂亮，但是我不想到阿根廷买鞋，恐怕空运的钱比鞋还贵。"

他说："不会的。我有个同事在阿根廷分公司，可以请他去买，他下个月就回来了。"

盛情难却，我说："你随便帮我选一双吧，我都可以。"

过了三天，我收到一个含有五十个附件的巨大电子邮件。里面有五十双拖鞋的照片，他的信里写道："我知道你没时间看，这是我帮你选出来的，请你再次挑选就好。"当时我正在赶一篇专栏稿，实在不想一一打开那些附件选"一双"拖鞋。可是他偏偏又打了电话来，跟我讨论这些拖鞋的样式和花色，我说"随便哪一双都好"，他却觉得我辜负了他的用心。

我只好闭着眼睛随便选了一双。

"多选几双嘛。"他很热心地鼓励我。

我选了前三双。

"你不觉得第四十七号也很好看吗？"

"好，好。"我说了实话："我必须把稿子赶完，然后要赶着出门，好！就那双！"

你猜拖鞋到了我家没？

没有，因为他又打电话来，"他那个同事临时有事，不能如期回台湾来……"

啊，还好，要不然，我可能会因为几双来自阿根廷的拖鞋，欠下一份人情。

一双拖鞋的标价，不到二十美元，一定要搞得那么繁琐吗？

后来想想，他会这样似乎是一种习惯，因为他做的工作，与“零件采购”有关，每一个公司要的小零件，他都必须以巨细靡遗的方式搜寻全世界各公司的报价，找到最好的产品，他只是没想到，一双拖鞋并不需要搞成这样。

把小事都处理得很麻烦的人，除了“工作上日积月累”所形成的

习惯之外，也有可能是：怕犯错，不敢帮人做决定。

可是，如果连小事都怕做决定的话，那大事该怎么办?

这位朋友后来得了胃溃疡：“公司事情太多了，我每天忙得没法吃饭。”

他是一个很努力工作的人，一天花十二个小时以上在办公室。某次碰到公司缩编，接到裁员令的竟是他。

他非常委屈。他觉得很多同事比他混得多，为什么该他走?

我想，问题在于：他贡献了所有时间和他的健康，但工作效率未必会得到上司的认可吧。如果每一件小事情，他都用这么“奋斗不懈”的精神去做的话。

不怕麻烦，是好员工应具有的美德。

但可不能自找麻烦啊。

时间刽子手 8

女人的时间管理盲点

多数的未婚女子，并不是苦于时间不够，
而是不会用时间。先做小事再做大事，
所以做重要的事时总没时间。

不只已婚的女人觉得自己“没时间”。

如果我们问未婚女子：“你觉得你的时间够用吗？”恐怕认为自己时间够用的人不到一半，虽然她们拥有时间的自主权较大，可是，也常觉得自己的时间口袋捉襟见肘，想做什么事，都“没有时间”，而回过头去又发现自己年华虚度，一大把时间从指缝中溜走，不知道自己做了些什么。

根据最近的“女性自我时间调查报告”，有近 35%的人，认为自己缺乏自我时间的原因，在于工作时间太长；有 34%的人，说自己家庭工作两头忙，不知自我时间何在（这应该多半是职业妇女）；

有 24%的女人，认为自己照顾家人已花去大部分时间（家庭主妇常有如此困扰，台湾家庭里，幼儿和长者都仰赖女性照料，父母若年老多病，女性常在娘家和婆家间疲于奔命）；自认为不会管理时间的，只有 5%。

不过，在我看来，多数的未婚女子，并不是苦于时间不够，而是不会用时间。

另一项调查指出，女人所需要的自我时间并不多，大部分的女人，只希望一天有一到两个小时的时间是属于自己的。对于再忙碌的未婚女子，要多拥有一两个小时的自我时间，其实并没有那么困难。时间到底哪里去了？

女人常有一些时间管理上的盲点：

一、谈恋爱时，每天都在和情人耗时间

看电影、约会、找朋友唱歌，所谓“我陪你”，多半变成“我陪你耗时间”，真正把时间用在对双方都有益、都有成就感或可以累积记忆资产的时候实在少。

二、若没有恋人，因为不善于使用时间，又常因为怕无聊把时间耗掉

找姐妹淘来喝下午茶聊八卦（有时越聊越不愉快，却还是会找固定的人来聊），在电视前无意识地转着遥控器，陪家人打麻将（通常女人也不认为这叫做拥有自己的时间），漫无目的逛街买东西（若有足够的钱，那是享受；若已变成卡奴，逛街已成自虐，越逛越焦虑）。

三、时间处理顺序不好，老是先做小事再做大事，遇重要的大事时总没时间处理

把时间用在哪里，你才会觉得精神舒畅，时间对你而言才有意义

呢？还能拥有丰富时间支配权的未婚女子，应该要为自己的时间定出一个“优先级”，若说时间如金钱，我们得学会，先把时间付给最值得给付的事，我们的时间存折才会内容丰盈。

Part:03 管好自己与时间的十个法则

管理好自己和时间的关系，
不是为了做更多的事、更加忙碌，
而是为了有足够的时间享受生活，
让自己过得既充实又舒畅。

搞定一切还能玩

管好自己与时间的十个法则

时间是无法管理的。我们所能做的，是管理好自己和时间的关系。

你念小学时候应该有这样的经验——痛苦的暑假作业。

放假时，领到一整本的暑假作业，每天要写一页。以前老师为了让我们多些文化素养，还规定一天要写一页书法。

我会想，暑假还长得很呢。就把它搁在一边吧。

每个暑假都一样，一直等到快开学，才发现，再不写就糟了！于是快马加鞭赶工，痛苦不堪，每一页中字迹都很潦草，数学题目更没有耐心算，书法更惨了，简直是鬼画符。

通常都到这时候才懊悔，为什么不早一点儿做？

第二年暑假，又掉进同样的循环。

从小有自律性——心中有时间表的人，实在太少了。大概只有那些超级优等生，或从小家教严谨的人才做得到吧。

大部分人都是在年岁渐长之后，才学会自律并认识到了自律的好处。有规律地生活是有好处的，至少可以省却自己的懊恼。时间管理的三种类型，从时间习惯来说，可以把人分成三种：

一、提早型：什么事情他都要提早做；

二、精确型：他希望一分钟不差，不迟，也不早；

三、拖延型：什么事都迟做。

第一种、第二种类型的人，都属于性急的人。第三种人也可能个性很急，可是在时间控制上非常不得要领，弄得自己更急。

有一位时间管理专家雷·约瑟夫曾说：“时间是无法管理的。我们所能做的，是管理好自己和时间的关系。”

管理好自己和时间的关系，不是为了做更多的事、更加忙碌，而是为了有足够的时间享受生活，让自己过得既充实又舒畅。那么，怎样管好自己和时间的关系呢？

管好时间法则 1

提早，但不花时间等待

精确型的人，自以为很精确，但常陷于人算不如天算的窘境。过度精确，不如稍微提早。

提早型可以我的祖母为代表。小时候她带我搭火车，宁可早一个小时到火车站等待。我常为此事跟祖母抱怨：“那么早去，火车又不能为我们提早开。”

祖母总是说：“如果什么都要刚好来得及，那么就会弄得自己很心急，杀死很多细胞，这样划得来吗？”

我以前很不以为然，那么早去，浪费好多时间，不是吗？直到后来有许多“明明算得很精确出门，赶飞机却碰到塞车，因而差点赶不上飞机，途中因为焦急而口干舌燥”的经验，才让我觉得祖母的提早哲学或许是对的。

我的祖母是个有条有理、处事谨慎的人。很可惜，那一个时代，女人没法受太好的教育，命运被婚姻决定，“英雌”无用武之地。

早去不一定浪费时间，那些看似浪费的时间，可以做很多事情。早到的半个小时，我可以在机场的休息室里享受悠闲时光，轻松地喝杯咖啡，看一看女性杂志里头的流行服装搭配，也打开电脑看看 e-mail 或新闻，甚至可以看完一本《商业周刊》或《天下杂志》，这些事情，都比在车上担心时间差点弄得自己“须发尽白”的好。

你应该听过伍子胥过昭关的故事吧？楚王下令缉拿伍子胥，他逃走的路线必须经过昭关这个险要的隘口，自以为过关时一定凶多吉少，没想到他因为太焦虑了，一夜头发全白，因而，守卫没认出他来，就此逃过一命。

着急，是很多我们不想要的东西的导火线，包括急速老化、精神压力大增、失眠、内分泌出问题……长期紧张的人更会变得暴躁、难以相处。

利用等待，完成更多事

精确型的人，自以为很精确，但常陷于人算不如天算的窘境。我曾经做过七年早上九点开始的现场广播节目，刚开始，我自认为算得好好的，早上八点二十从我家出门刚刚好，八点五十会到，共有三十分钟可以在车内准备接下来的访问内容，还有十分钟可以复习数据。

当时，我“包”了一辆出租车，心想，这样更能省去把车子开到停车场的时间，是万全之计。（这个盘算没错，因为我统计过，多年来在我的现场节目迟到的来宾，都是卡在把车子驶入“陌生停车场”的时间中。）

后来发现，有时一出门口就塞车，八点五十分还在途中，肾上腺素分泌大增，我只能慌张地看着外面车流、祈祷车速能够快一点儿，心中焦急时，根本不可能阅读任何的资料。

更严重的是，我的司机也是个很性急的人。性急的人多半想尽责，当他发现我可能迟到时，他就无法控制地开始喋喋不休，责怪旁边的车子不会开车，或是反复地一直念着：应该不会迟到，应该会刚好到……它使我更加焦虑。

后来，我调整了时间流程。首先，要求执行制作在前一天要把来

宾和访问大纲做详细的告知。如果我对那个来宾和访问内容很外行的话，前一天正好可以运用神通广大的网络搜寻来恶补自己的知识。然后，把明天要穿的衣服准备好。

七点半起床，我可以从容地完成家里的浇花，喂猫、鱼、乌龟（我家食指浩繁），清猫砂等工作，七点五十分，司机按门铃，就算稍有耽搁，八点也能出门。实验七年来，我从来没有迟到过，而且可以有非常多的时间以平和从容的心态准备访问内容。

说来，只不过早起了二十分钟而已。

过度精确，不如稍微提早。

千万要打破自己心里“大牌得最晚到”的误解。

提早，也可以不要花时间空等待。那一段等待时间，可以利用来做你想要做的事情。

管好时间法则 2

长命人不被时间追赶

拼全力冲刺当然是人生的美好经验。但是，通常一个成年人都没有“无暇他顾”的权利，我们要兼顾的事情太多了。

在拖延型的人当中，有些人是生性懒散，但有些人却天生喜欢那种“被时间追赶”的感觉。

谁喜欢被时间追赶呢？

真的有这种人，他们多半很聪明，比如：在根本不可能赶上原班机起飞的时间时才来到机场，却发现班机晚三十分钟起飞，他还是搭上了！这种“峰回路转”的感觉，让他热血沸腾，兴奋不已，觉得自己“赚到了”！

我念商学研究生时，就碰到这样的一位“天才同学”。写论文与一般写作不同，不是我熟悉的领域，我和其他同学采取“笨鸟先飞”的哲学，比他早三个月开始筹划论文，当我们大致完成初稿，写了将近一百页，离论文审查只剩一个月的时候，他才完成两页大纲。

教授和其他同学都比他还着急。

不过，后来他奋起直追，那一个月时间，他竟然拿了睡袋睡在自己的办公室里，白天工作，晚上写论文，就这样把论文在最后一天的最后一刻写完了。显然他“临阵磨枪，不快也光”的策略是有用的，他的论文非常精彩，最后拿到的分数与我们这一群先飞的笨鸟相差无几。

论文审查结束的那一天，他对我说：“啊，好辛苦，我每天睡不到两小时，可是我好喜欢这种蜡烛急速燃烧的感觉，真是一种享受。”

我对他开玩笑说：“还好你年轻、身体还好，不必担心过劳死的问题。”

这种人具有“赛车手”的性格，天资也绝对聪颖，很让人佩服。他们会故意在短时间完成艰难挑战，以证明自己的“冲刺力”。

不过，这样做是有副作用的。他的新婚妻子对他一整个月都没回家这件事很不开心，他的母亲也认为本来很孝顺的儿子最近疏于问安，跟他闹脾气。之后，他要面对的又是如何摆平家庭问题。

拼命冲刺，要付出更多的代价

拼全力冲刺当然是人生的美好经验。但是，通常一个成年人都没有“无暇他顾”的权利，我们要兼顾的事情太多了。

在我还在“接稿维生”的写手时代，也曾经很享受这种“在单位时间内将潜力发挥到淋漓尽致”的感觉。我曾经答应一个出版商在一个星期内完成一本电影小说——《牯岭街少年杀人事件》。本来在我计算之下，一天“只要”写九千字就可完成。不料那时还在当记者的我，临时接到公司派我前往马来西亚协助摄影工作的指令，我只好把稿子带到飞机上写。

在吉隆坡，我很不巧地订到一班很像公交车的飞机，从吉隆坡飞到我要到的那个小岛，竟然要降落五次。当日不断碰到乱流，大家上上下下吐得七荤八素时，我还是很镇定地写着我的稿子，遨游在想象的世界里。

这真是我最想吐也最为刺激的一次写作经验。我回台湾时也带回了完成的稿子，如期交稿，而且一直对自己"坚此百忍"的精神沾沾自喜。当然，副作用随后跟到：我得了肌腱炎，而且手腕长了关节囊肿，必须开刀。

由于当时常常在短时间内疯狂地赶稿，二十五岁就有了"五十肩"的症状，一直困扰我到现在。第一次照X光片时，医生还很惊讶地说："你是怎么把颈椎弄得这么左偏呢？"当然是因为写太久了太劳累、坐姿越来越不正确的缘故。

一直到现在，经过无数中西医治疗，虽然稍有改观，但我的颈椎还是左歪的，风雨来时隐隐作痛。

每一件事情，想要瞬间做得很好，都要付出代价，想要获得"爆发性"的成功，有时我们必须"夜以继日"，但如果想要活得久，而且获得稳定性的成长，那么，千万别当拼命三郎。

重要的事早一点做、分成阶段性任务来做，在学习语言和累积自己的实力上，是很重要的。每天走一点点，总有一天，你会发现，曾经被你视为艰难挑战的高峰，也只不过是你生命里头的小山丘。

请记得，所有的"冲刺型"的运动，选手的运动生命都是很短的，黄金期也很有限，比较缓慢且必须一步一步来的运动，如高尔夫球，可以打到一百岁呢！

管好时间法则 3

容忍地板上的头发

学会把小事一件一件地完成，看来容易，

其实想要心无旁骛，实在很难。

很多人在家里通常会东摸西摸、一事无成。

并不只是因为家里有许多人，过十分钟就有人来跟你说个话，让你不得不分心。

即使家里只有自己一个人，由于我们身处在一个自己很熟悉，而且必须要发挥管辖权的环境，所以我们就会东摸西摸起来。

这是我常有的经验：整理书柜时，想到衣服还没洗，先打断工作洗衣服去，把衣服放进洗衣机后，看到地板上有好些头发，于是把吸尘器拿过来吸一吸，吸尘的过程中，又想到有个电话还没回，先回个电话……总可以在一件事情之后想起另一件事情，然后永远做不完第一件事情。好像什么都做了，但也什么都没完成。就算完成了，也是七零八落。

换个可以集中心力的地方

难怪那些必须要应考的人，宁愿到自习室或图书馆占座位；而热衷电玩的，也宁愿到网吧去，在那里他们可以感染到一种“大家都很专心”的同仇敌忾的气氛，那里都是陌生人，你不会受到家人或自己的打扰。

你知道：哈利波特的作者 J.K. 罗琳是在哪里写出让她一战成名的哈利波特第一集的吗？答案是一家再普通不过的咖啡馆。

当时她是一个失业的单亲妈妈，孩子还小，想在家里写作，却供不起全天候的暖气，只好抱着孩子在街上走，孩子睡着了，她就抱着小孩进咖啡馆，开始拿出纸和笔，点一杯咖啡，写个大半天。手头很紧的她连点心都没得点。

还好那家叫做“大象”的咖啡馆宅心仁厚，没有把只点一杯咖啡的单亲妈妈请出门，否则罗琳现在也没法成为一个比英国女王还有钱的女人。

虽然白天时我家常常只剩我一个人，但是，我在写每一本书开头的时候，都必须用百分之百的集中力，才能完成前几千字的工作。因而我会选择“更换地点”，到咖啡厅或图书馆，或跟出版社借用空的办公室，跟一群 K 书的同学用参加大考的心情一起努力。这两年来念“管理经济学”“管理会计学”这种会燃尽我所有智商的科目，我也都带着比砖头还重的课本，选择一个我没法东摸西摸的地方好好研读。

如果你是个 SOHO 一族，在家中也有类似的症状，那么，你最好找一个比较会让你“悬梁刺股”的地方。

要不，你只有告诉自己“容忍地板上的头发”，从现在开始做一个“训练自己专心”的练习。整理书柜时别想到洗衣服，洗衣服时，专心洗衣服，容忍地板上的头发。

学会把小事一件一件的完成，看起来容易，其实想要心无旁骛，实在很难。

后来我发现了一个奥秘：我会在心里建立一个“协调机构”。当我企图用别的事情打断自己正在进行的事情时，我会对自己说：“来，忍一忍，先把这个做完，很快你就可以去做那件事了 。”

我发现，如果我能够让自己先“忍一忍”，那一件未完成的事情，就会变成一个让我充满期望值的奖赏。而我，也不会忙了老半天，东做西做，没有一件事好好完成，还觉得自己像只无头苍蝇一样，东飞西钻，就一个人在家，也好像在上战场。

容忍地板上的头发，看来简单，对“完美主义者”和“洁癖人士”而言（这两者其实有共通之处），却是最困难的一点。完美主义者要求很高，但常眼高手低。如果你把工作交给自称为“完美主义者”的人来做，迟延是必然会发生的事，因为他在意的不是时间，而是无瑕。因为太在意地上的头发，却忘了梁柱还没搭好呢。

有洁癖者做事通常慢，因为那些不够干净的小地方太让他分散心神了。

有人说得好：要完美主义者完成最后 10%的质量，他会花费超过整体 50%的努力！这就是完美主义者没有效率的最大原因。

管好自己，管好时间

时间管理的自我体检

1. 我是不是正在拖延完成或解决一件事？

拖延一件事，你就会拖延很多事，弄得自己压力大增。

2. 我是否做了实际上并不需要我做的事？

做了太多不需要做的事，会让一直靠你帮助的人失去自己的功能。

也会让自己空赢得“管家婆”之名，吃力不讨好。

3. 我是否难以准时赴约？

小心，每个人都会从小见大，认为你：

小事不准时，大事难托付。

4. 我是否经常会忘记接下去准备做的事？

那就记下来吧！别太相信自己的脑袋。

我们的记忆力和年纪成反比，

不过，年轻也未必就会好！

管好时间法则 4

定期颁给自己股票和红利

很多上班族都在等待老板犒赏，很多女人也都在等待男人犒赏，却忘了自己也可以颁给自己“股票”和“红利”。

我们都是好逸恶劳的，总想要先做一些轻松的、让自己舒服的事情。于是，不知不觉地花了一整个晚上看电视、聊天、打牌、打电玩。

重要却辛苦的事，常常被我们一拖再拖。做一个有效率的人，也一定要有犒赏。

我从很小的时候，就发现了激励自己的方法。可能是童年很寂寞的缘故，我很早就开始跟自己对话。

“你每写完一页，我给你一块牛奶糖吃。”

“你把功课做完，就可以看漫画。”

“来，先把数学作业做完，你就可以看连续剧。”

我会把困难的事情先做完，如果困难的事情很重要的话。除了激励法之外，我也会用比赛法。跟自己比赛，看能不能赢过昨天的自己。我答应自己的礼物随着年龄和经济条件渐增，越来越慷慨。花了半年写完论文之后，我送给自己一间可以看海的房子。

也许你看得出其中的门道：房子也许本来就是我想买的，也是精打细算后觉得合理的投资；但是，我喜欢把一切东西当成礼物。

我也会买名牌包给自己——在我的酬劳中，设定一部分当成礼物基金。有时我会送给自己海外豪华之旅，乘坐头等舱，住最好的饭店。

因为，就我的工作来说，我自己才是一个生财工具，工欲善其事，必先利其器，所以一定要保养自己不可。不过，我并不会养坏自己的胃。这些年来，我也会尝试买网络上最便宜的经济舱机票、订最廉价的商务旅馆，让自己温习一下年轻时一穷二白的畅快。

适时犒赏自己，效率更高

很多上班族都在等待老板犒赏，很多女人也都在等待自己的男人犒赏，却忘了自己也可以颁给自己“股票”和“红利”。对自己来说，你是伙计，也是老板。就算你这家公司营运不佳，你也该给自己“基本薪资”；如果营收大好，也不要吝惜付出股票与红利，这样，你也才愿意为自己的事业卖命！

先把困难的事做好，再犒赏自己，但犒赏自己也不能毫无节制。如果你真的认为“每天只有娱乐多好”，那么，你可以试试看，强迫自己打电玩打个三天三夜，或跟情人打电话打个一整天，记录看看，从什么时候开始，你的快乐与满足就会转为空虚和痛苦。任何一种娱乐，如果没有节制，它很快会变成某一种让你想吐的工作。

就算我深爱旅游，根据我的经验统计，旅游只会带给我二十一天的快乐，第二十二天开始，我会想要回到熟悉的生活、想要回到工作岗位上。我的忍耐力相较一些不惯于旅行的人，已经算是高强了呢。

管好时间法则 5

好导演一定要喊“咔”

不管多么忙碌，忙的事情多么重要，我们一定要记得：
像导演一样的喊“咔”！再怎么努力，都需要定量。

有位在银行当理财专员的朋友得了胃溃疡。朋友们要他“再辛苦也要记得吃饭”，他唉声叹气道：“唉，怎么可能！一进公司早餐没吃就开始开会，午餐没时间吃也就算了，有时忙到半夜，才发现自己连晚餐也没吃！这样的日子比集中营还难过！”

虽然我深表同情，但我心里也有疑问：“难道连拜托同事到便利商店买个饭团塞牙缝儿都没时间吗？”

再怎么样忙碌的公司，都不是集中营，并没有实施粮食配给制度，也不会残酷到让员工三餐都没得吃。也许他是“能者多劳”，所以许多工作集中在他的身上，让他紧张得没有胃口吃饭，或吃饭时间比别人短。但弄到三餐都没时间吃，问题不会出在公司上，而是出在他自己的身上。

我问他："是不是你每个同事都跟你一样，没有时间吃午餐？"

他叹了口气说："他们倒是吃得饱饱的，午餐时间一到，他们就说要吃饭去了。"言下有怪罪同事好吃懒做之意。

我想，他的心里，或许存在着"把苦劳当功劳"的想法，以至于"公司虐待我，我就虐待自己"的恶性循环不断发生。

真正的原因，是他不懂得喊"咔"吧。午餐时间到了，他会想：待会儿还有一个会，我现在好不容易有空当，要处理一下其他的公事，也需要时间准备。这一耽搁，午餐时间就过了。

说来，是他自己放弃午餐的。他没有把补充营养当成重要的事情。

适当的限制可以点燃渴望

我个人相当不赞成这种"把自虐当刻苦"的行为，从另一方面思考，公司也不应该嘉奖那些"废寝忘餐"的员工。理由如下：

一、他连吃饭时间都挤不出来，能为公司效命的气力与寿命必然很有限；

二、他可能是因为做事效率不高，才连吃饭时间都没有；

三、如果他真的那么忙，也没有同事同情他，为他带餐点回来，那么他的人际关系也一定很差；

四、如果他把自己当作集中营的囚犯，公司对他再好，他都不会感恩。

不管多么忙碌，忙的事情多么重要，我们一定要记得：好导演一定要会喊"咔"！

AM:9:00
卡!
PM:12:00
PM:12:30

戏再怎么精彩，进度再怎么落后，都得喊暂停的。要不然，一定会变成“歹戏拖棚”。

再怎么努力，都需要定量。以写作来说，就算写得很顺，也还是不能昼夜不分的写，写到肠枯思竭为止。喊停，去做一点别的事，会让我有新的灵感。

读书也一样，我常在图书馆里看到一些努力而没有效率的书虫，从早上到晚上十二个小时，抱着同一本书猛K，一走出图书馆，念了什么全忘了。就好像开车行驶在美国大西部公路上一样，因为风景没什么差别，开着开着常不知不觉地睡着了。

如果他把该念的书分配好，每天“限制”自己读几页，完成之后，喊“咔”，休息一下，换别的书看，效果应该更好。

没有人喜欢被“限制”，但适当的限制可以点燃渴望，不可或缺。

管好时间法则 6

拒绝越忙越空虚

重要的事先做，不重要的事待会儿做——说起来简单，但是有些人就是没法判断何者重要。

忙有两种：一是忙得很充实，二是忙得很空虚。

前者，是人生中美好的经验之一。

那么为什么会忙得很空虚？原因在于：你没有朝着目标走，没有分清轻重缓急。不少的上班族每一分钟都在忙，却越忙越空虚：一会儿接电话，一会儿找不到东西，一会儿同事找你说话、拜托你做点儿小事。

常常身处混乱中的人都具有如下特质：优柔寡断，所以无法搞定自己；想当大好人，永远无法拒绝别人。

这样的人最需要练习为自己设定无形的闹钟：在几点几分以前，我要完成某一件事情，其他来打岔的事，请等到我完成之后再说。

混乱并非来自外在打扰，而是深藏于内心。一个人混不混乱，以我的观察，大概可以从他讲电话的时间与态度感觉得到。

那些一打起电话就天南地北、话题东跳西走，动不动会说，“我们聊到哪里了？”无法结束话题的人，内心都和话题一样混乱。想要要求他们做事有效率，就跟要求他们在三分钟内结束通话一样困难。

优柔寡断的人未必是温柔的人。有些优柔寡断的人性格很固执，但他就是要问遍所有人的意见与看法，看看是否与自己的意见相符，但不管他得到的答案如何，最后还是坚持自己原先的意见。

分清轻重缓急，保留主干，先得去除旁枝，是很重要的。

重要的事先做，不重要的事待会儿做

重要的事先做，不重要的事待会儿做——说起来简单，但是有些人就是没法判断何者重要。

有位企业家朋友，曾经请过一个司机老王——上班第一天就被开除了。

说来，那位司机是个好心人。

企业家要开一个重要的会议，说明天早上八点钟，老王要到家门口接他。八点十五分，司机还没来，企业家打电话给司机，司机说：“快了！快了！马上来了！”结果，到了八点二十五分才到。

企业家已经在八点二十分自己搭出租车去开会了。

开会过程中，他不断地在关成静音的手机面板上看到老王的显示来电。

开完会后，他才看到老王。

“老板，对不起呀，我不是故意迟到的，而是今天早上我老婆煮了红豆汤……”

煮红豆汤跟迟到有什么关系呢?

“我老婆叫我弄一些给您喝，我自己先试了一口，觉得没煮熟，于是叫我老婆快火再煮一下，这样就迟了。”老王拎着一袋红豆汤，很惋惜地说：“可惜，都凉了，热的时候很好喝呢。”

老王就这样被开除了。

不是老板不仁不义辜负了老王的好心，而是老板深谋远虑：这个家伙，连什么事重要都分不清楚，一定会误事。

老王搞不清楚自己的工作目的：他的作用是开车，是为了让老板准时到达，而不是来为老板准备美食的。

人家请你来上班，是为了解决麻烦，而不是找麻烦的。长久以来，自认为怀才不遇、工作家庭都不顺利的人，都有共同“素质”：不管他们在哪里，替别人“找麻烦”的成分总大于帮别人解决问题，自己却还不知道。

也就是说，不管他才能如何，他的表现已成为负担。他存在的那个“组织”（如公司、家庭），如果没有他，反而其他成员会过得更好、做事更有效率。

你的目标何在?

如果这份工作是你的兴趣，那就靠它累积实力，其他的不用太在乎。

如果你做这份工只是为了挣钱，那就单纯为了钱，别理会其他人事斗争或工作有没有趣。

如果你希望家庭幸福，那就别老是用情绪拖垮大家！

如果真想帮忙，就往该帮忙的方向行动吧。

管好时间法则 7

“五子登科”慢慢来

你的整个人生都需要有时间管理的概念，才不会在达成人生目标的同时也把自己逼疯了。

很多人在公事上分得清楚轻重缓急，但在处理人生大事上却很按照传统期待“五子登科”一起来。

我曾经接到过一位二十六岁女性上班族的来信，她说她心里很乱，不知如何是好。

今年，她刚结婚。

结婚后，马上贷款买了车子，还为全家人买了房子。

婚姻里头的婆媳问题比她想象中严重，使她每天都很害怕回家。但是上班时老板脾气也很坏，她也不想上班。

可是，丈夫薪水不多，她必须负担家计。

为了怕变成高龄产妇，她想要赶快生孩子。

为了想要有个安稳的工作，她同时准备考公职。

为了怕学历不够高，她也打算继续考研究生（去年落榜一次）。

她说，她活得好彷徨，不知道该怎么办。

设身处地为她着想——我都觉得头皮发麻，不知道该怎么办。她企图把人生所有的愿望集中在一年完成！

以上她所说的每一件事，都是或大或小的“改变”，这些改变都会带来压力。

梦想要逐步完成

国内外心理学家发现，多数人压力的主要来源就是改变所带来的，不只是上法院、离婚、有人伤亡会带来巨大压力，连结婚、家庭成员改变、和姻亲相处困难、工作职责改变都会带来压力，甚至连放假、过年、收到交通罚单都会构成压力。大大小小的压力加起来——压力过大，身心就会出问题。

而她竟然计划把所有的压力事件集中在一年内做完！压力之高，应该会超乎她的想象吧。

“五子登科”是很多人的梦想，不过，最好只是在梦中想一想。

一下子看见“一揽子”目标，五子同时登科，惊吓恐怕大过惊喜。变动太大，只怕自己承受不住，除非你自认为是个冒险家。

就算是冒险家，也不能够天天冒险，任何一个冒险计划，都要有过程、有规划。他不会在同一年内征服世界上所有的高峰！

想同步完成，靠的是梦想；能够逐步完成，靠的是毅力！

你的整个人生都需要有时间管理的概念，才不会在达成人生目标的同时也把自己逼疯了。

管好自己，管好时间

谁偷走了你的时间？你抓到时间小偷了吗？

Donald E. Wetmore 博士认为有七个时间小偷，

每天都在窥视着你的时间，不时下手偷窃。

1. 缺乏计划：缺乏工作计划会让你每天“随机”处理遇到的事，忘记最需要在当天解决的问题。
2. 拖到最后期限：事到临头匆匆忙忙赶工，往往会发现事情比想象中复杂，把自己弄得很焦虑。
3. 突发事件：每天总会遇到不少突发事件，但并不是所有的突发事件都必须马上去进行处理，必须先行判断：该马上处理这件事，还是以后再处理？你又不是消防队员。
4. 什么事都自己做：要善于利用别人的时间与能力，不需要任何事都亲力亲为。
5. 没有系统：你必须把同样“路线”的东西集合起来一起处理，才不会浪费时间。
6. 缺乏关系网：良好的人际关系网络能够帮助你解决不少问题，你的朋友中有专业人才吗？
7. 情绪不佳：这些人花更多的时间去抱怨问题，而不是积极地寻找解决的方法。

管好时间法则 8

有没有什么方法可以最有效率地把它做完

没有人是天生拥有自信的。自信的累积通常来自于：
你的人生到底完成过多少事情。

我看过很多关于时间管理的书籍，有趣的是，有的巨细靡遗、厚达四百页，有的充满了各式各样应该在 MBA 课程里才有的评量图。

光看懂一本“时间管理”的书，就要花上二十天，里头的小叮咛，总共有三四百条，如果要读完它才能做时间管理，恐怕是打了时间管理一个大巴掌。

我的评估原则很简单。碰到该做的事情时，只会问自己一个问题：有没有什么方法可以最有效率的把它做完。

最有效率的意思是：快又准，而且没有副作用。

有效率的思考三步法

第一步：你要不要做？

不是每一件事你都要做，不想做而且做了也没有加分的事，千万不要做。

在我身上的例子，比如：某娱乐记者打电话来，而该记者又以刨根问底与断章取义著称，那么，我就尽量不要接电话，不要响应，以免自找麻烦。没新闻也比有烂新闻无端惹是生非好。

第二步：你要自己做？还是请别人帮你做？

不是每一件事你都要自己做，如果那不是你的专长，又会占去你很多的时间，做了还会把你的生活搞得一团糟的话，那么请你不要做。

你要有“机会成本”的概念。机会成本，很简单，也就是做这件事的时间，你如果拿去做别的事，是否更有意义、更开心，或者，可以赚更多的钱。

如果那件事做了开心，我不会计算机会成本。

做了未必开心的事，我一定会计算机会成本。

举例来说，虽然在便利商店买卫生纸，可能比你到大卖场买一大捆卫生纸平均单价高出 30%。但是如果你家人口数不多，千万不要专程到大卖场去买，表面上好像赚到了，事实上你根本没有算进油钱与车资，还有你宝贵的时间，除非你闲来没事又热爱逛大卖场。

如果要请别人做，一定要找专家。如果没有考虑到“效率”问题，即使是很小的事情，也会变成很复杂的事。

专家，即会解决事情，不会找麻烦的人。如果所托非人，你就会看见：芝麻小事变成大梦魇。如果你托人买卫生纸，她却要在帮你买了以后叙述“今天我如何帮你买卫生纸，我路上又遇到张大妈李大婶……”的过程，说个半小时还不离开你家，那么你就是所托非人。

该找专家的事，我一定找专家。最好的例子就是卖房子。有个朋友为了省“4%”的佣金，决定自己卖房子，红纸上还贴着“中介免谈”，结果，他上班时饱受电话打扰也就算了，入夜还有人亲自来按门铃，有人讲好价格后又反悔，有人杀价全不符合行情让他气个半死，千辛万苦花了三个月把房子卖掉，结果发现，附近同样面积、委托物业销售的房子，比他卖的价钱多了一百万，人家就算付给中介4%的佣金，还是划得来，而且屋主还不必亲自出面操办，悠闲自在的了得。

何必拼死拼活三个月来证明自己比现代服务业还行。

第三步：如果你决定自己做，就把它做完吧。

不管地动山摇，不管议论纷纷，请保持好心情，做完它！不喜欢但是必须做的事，你做完了，人生功劳簿上多了一枚勋章。

没有人是天生拥有自信的。自信的累积通常来自于：你的人生到底完成过多少事情。

而自恋的累积则来自于：你的人生想完成过多少事情。

自恋者光说不练，自信者战功显赫。

管好时间法则 9

运用可爱又可恨的科技工具

电话，算是一个最会偷走时间的东西。我很感谢短信和 e-mail，使得很多事情可以用最简洁的方式完成。

如果一种工具，已经有40%以上的人会用，而你却不会用，那么你铁定属于“夕阳”。

我很怕碰到“不会用短信”或“不会用 e-mail”的朋友。

有一次，一位艺术家朋友打电话给我，跟我说，他的某个朋友要请我去参加一个活动。“可是我忘了那个活动的地点和主题。我要再问他一下……”

聪明的你应该会看出其中的时间管理破绽：我们应该把时间地点全部弄清楚后，再打这一通电话。

像这种简单的事情，我的解决方式是：自己联络最省事。

“可以把他的电话给我吗？”

“……哇，我不知道把他的电话抄在哪里，我要找一找……”他说。

那时我正在忙。我说：“等一下我可能没空接电话，你可否发短信给我？”

“我……不会发短信……我再打电话给你，要不然，你再打电话给我……”

现在还有人不会发短信？我额头上冒出了三条线来。他他他还年轻呢。

事情发生了——我后来再打电话给他，他没接。他打给我，我接不到。过了几天我才听到一通留言。不过，那时也不用记号码了。因为那个活动在我听到留言时正在举行。

别让便利的信息变成时间杀手

电话，算是一个最会偷走时间的东西。我很感谢短信和 e-mail，使得很多事情可以用最简洁的方式完成。在没有 e-mail 之前，不少复杂的文件往来都要通过传真。很多人还记得“想接收紧急传真文件，传真机却没纸”时那种焦急的心情。

我们的手机，可以储存所有的电话号码、设闹钟提醒自己时间到了，也可以记录每天的行程表；以电脑整理文件，可以有条不紊、不怕遗失、涂改一万次都无所谓；e-mail 可以最准确迅速地传达讯息；新闻网站会自动将重要的新闻提醒给你。

这些都是时间管理的大帮手。除非你立志当山顶洞人，否则不可能到现在还在抗拒。但是他们也可能摇身一变成为时间杀手！

你讲了太多电话、随时会被找到，认真工作时常常被打扰。

你的信箱里常塞满了垃圾邮件和一大堆别人转寄的数据，若要细看，可能要花上一天的工夫；还有人上班时用一个信箱，下班用私人信箱。我的朋友曾贴切地形容他的感觉，好像“精疲力尽回到家之后，发现还有一大群不认识的人坐在家中厨房等你”。

你还会得网络上瘾症。枯坐时会对着 MSN 不时微笑，不断上网搜寻新鲜事，一抬头鸡鸣天欲曙。哇，如果你还迷上电玩，那花的时间更不必说了。不过，花太久时间在虚拟世界里，或多或少都有空虚的感觉，好像吹出了一大堆美丽的肥皂泡，但什么都抓不到。

这些经验我都有。对付这些现代的时间小偷最大的原则就是个“狠”字。我全心工作时，电话变成静音，放在皮包里，我会录下亲切的留言，等完成工作再回话。

工作时 MSN 一定留在“离线”或“忙碌”状态。

上网时给自己时间限制。垃圾邮件若挡不掉，也可以很快地把它删掉。

作家吴若权观察入微。他曾对我说：“我发现，把我加入群组的那些人，在传送讯息的选择上都有一致性。有人传的东西老是很没营养，或者总是传送网络谣言；有人眼光精准，只要是他传的，都很有趣或很有意义。”

没错，不是每个人传给你的讯息，都要看个仔细。否则，我们只会被泛滥的信息摆布。很多人得了“信息焦虑症”，很担忧自己不知道“天下事”。

我是这么想的：如果一些新闻，不多久就会消失，那就证明它经不起时间的考验，你为什么一定要知道？

这是一个真假信息到处充斥的时代，但信息永不等于智能，也不会让人变得聪明。

怎样选择信息，要靠智能。什么信息都想要了解，只不过是一个人云亦云的垃圾筒罢了。

管好时间法则 10

有弹性才能有好效率

弹性很重要，你要根据“大原则”管理你的时间，但也别把自己弄得像每天在打仗的小兵。

我常常在想，如果当年求学时有“教改”的话，我一定考不上理想的大学。

因为我是那种“习惯在最后一年大跃进”的学生，如果不联考，平常成绩就不怎么样。

念北一女时，班上同学全都是通过联考的死分数录取进来的。大致可以分成两种：一是每天都很努力型；二是最后阶段才努力型。

我在念高一时常考四十几名，常态保持在全班最中间的名次。这不能怪我笨，因为班上的同学都是各校精英，只要少考个一、二十分，排名就会一落千丈。

我又是个来自乡下的小孩，到台北求学，住在拥挤的宿舍里，还要自己洗衣吃饭，连洗澡都要排队呢，已经花了很多时间在适应生活上。上英文课，老师全部讲英文（乡下哪有这样啊），我只能听得懂五分之一（我第一次学唱英文流行歌曲，是在高一呢）。数学课更糟，老师常以为“班上有人会就代表全部都会”，连我自认为一定很不错的语文课，都经常因为太紧张，背书背不出来而被罚站。

当时人生无比黑暗。我好想转学回家呀。可是，这是我自己的选择，从北一女转学回老家的高中，一定会被人家取笑的。

还好那时候我认识了几个好朋友，才能度过那时该校以“严谨”著称的求学生活。她们的成绩跟我一样不太美妙，但是，会把有趣的都市生活介绍给我，也会把金庸小说和琼瑶小说借给我，我们还会假装自己很懂存在主义和老庄哲学。

说也奇怪，到了高三时，大逆转就发生了。

动力应该在于：我们几个人约好，要到台大见。那里的校园比较大，看起来很适合谈恋爱啊。

到台大见？可是高一高二都没念好。而且，常常忘东忘西的我，其实连高一高二的课本都弄丢了。从头复习很无趣，也很费力气，我想到了一个办法——到书店买了各明星高中及近十年大学联考的试题，以及每一科的总复习参考书。下课后在自习教室学习到九点，然后离去。

管理时间的同时让生活有乐趣

我还记得那段时间过得蛮快乐的。

每天都睡满七八个小时。记得高三联考前放假复习时祖母发现我九点还在睡觉，还很生气地对我说：“你这个时候还在睡，怎么考得上大学呢？你爸爸以前六点钟就起床念书了。”

也许考过联考的人都会觉得我这种应付考试的方法很虚。没错，这铁定不是实力派会采取的做法。不过，在念教科书上当实力派，也不是一件很聪明的事情吧。不过高三时，我还考过北一女文科全校第一名呢。

我的那些前两年都念得不怎么样的“非刻苦型”好友也几乎都上了台大。而步步刻苦型的，反而都考得不好。也许你会说，这些人一定比较聪明，所以才能迎头赶上。

聪明未必，但是或许在应付考试上，我们这些人知道必须“抓重点”才有救，因而力气用在有效的地方。

到目前我还是认为：感情的激励比军令如山有用。

还有——你要保持弹性。如果你一直长期刻苦努力，按表操课，你很容易弹性疲乏。升学考试很像跑马拉松，刚开始时，只要不落后就好，最重要的是到最后还有体力冲刺。

前面讲了这么多我个人的历史故事，只是想要表达：弹性很重要。你要依据着“大原则”管理你的时间，但也别把自己弄得像每天在打仗的小兵。长期像“带兵”一个口令一个动作的人，最后连想象力也会失去，那才是人生中最可悲的事情。

如果生活失去了乐趣，那么时间管理有什么意义？

管好自己，管好时间

科技不是你的主人，只是你的帮手。

“紧急而不重要”的事常常会打扰我们，比如：电话干扰，在这个时候，使用语音留言能够在一定程度上解决这样的问题。我的语音留言是这样的：“嗨，我是吴淡如，谢谢你打电话来，我现在没法接听电话，所以请你发短信给我好吗？我会在最快时间回电，谢谢！”这可以过滤不必要的来电。

不少上班族也花费大量的时间在无意义的 MSN 聊天、阅读转寄邮件上，如果你自己都知道，这是在浪费时间，那么，这些时间必须要被控制在一定时间内，才不会在不知不觉间沦为科技的奴隶。

Part:04 值得效法的时间管理大师

我们对于自己喜欢的事，才会聚精会神、专心致志。但，仅仅喜欢还是不够的，还要有“燃烧灵魂”的感觉，陪你在人生路上无怨无悔地走下去！

时间管理大师 1

乐在工作的人，才能赚取最大报酬

你要找到一条路，让自己与众不同。如果你只愿意做一般人都在做的事情，你便会像沙漠中的一粒沙那么没价值。

假设你是某个“捡钱游戏”节目里的嘉宾，捡钱的方法很简单，只要在规定时间内捡到，就是你的。

电视主持人在你面前丢了两张一千元的钞票，又丢了二十张一百元的钞票，再丢了一百个一元的硬币，只给你三十秒时间捡钱，请问你会怎么捡?

你一定不会先捡硬币吧?

这听起来是个白痴也会的问题。

不过，欧洲知名的理财专家博德·雪佛在他每场收取千万台币的演讲中，都以此例来“点化”大家。

他拿这个例子来说明：你如果真的想要拥有高收入，你一定要立志成为一个专业人士——他所谓的专业人士，就是那些以才华来工作的人，“你应该先找出可以让你发挥才华，让你感到快乐的东西。”而不是毫无计划的辛苦做些小事，光捡起那些硬币，恐怕要花你好多好多时间，而且收获不会太多。

如果一个人真的想要成为成功人士，这番话很有激励作用：“你要找到一条路，让自己与众不同。如果你只愿意做一般人都在做的事情，你便会像沙漠中的一粒沙那么没价值。”

别只用功利主义来看这个捡钱的例子，想想，背后的含义其实很深远。我们的时光是有限的，我们可以决定，是否要让它发挥最大的功能。

这个“白痴问题”也可以启发我们对时间管理的认识：在工作或学习过程中，总是有太多人叹息——“时间不够”。

时间其实永远都不够，最怕的是，在有限的时间中，我们最该做的、最想做的事情，总是一再地被一些“硬币”耽搁。这个捡钞票的小游戏，也许这么一个浅显易懂的例子，会让我们真正的“见钱眼开”。这是帮我们做时间管理、调整人生方向最巧妙的提醒。

时间管理大师 2

当自己的训练师

全世界都是你的学校，就看你努不努力。你是自己最好的指导教授。

日本建筑师安藤忠雄曾到台北演讲，台北小巨蛋体育馆里挤了一万多个他的粉丝，包括我在内。

一万多人进场，就花了一个小时。虽然，聆听他的演讲，必须通过翻译，但是他语气中的诚恳与幽默，还是毫无障碍地传递给了听众。

安藤忠雄是我很仰慕的建筑师，几年前，我自己到了大阪和淡路岛附近，拜访了他设计的司马辽太郎纪念馆、水御堂、西田几多郎纪念馆、光之教堂、海之教堂以及北海道的水之教堂。

这一位曾以“清水模”为建筑特色，没有念过大学，从贫穷人家出身的小孩，靠着自己的能力，成为国际瞩目的建筑师，背后有一个动人的故事，正和他的名言“创造源于逆境”相应和。

他是双胞胎的老大，从小就跟着木匠爸爸到处做工，十八岁时，因为家里经济原因无法升学，爱看书的他，只要一有空，就跑到附近书局看书，如果没有钱买书，他就会把没看完的书偷偷塞在一堆书底下，不让别人发现。

在把书局当成阅览室的年轻岁月中，法国建筑师柯比意成了他的偶像，为了想要亲眼一睹柯比意建筑的风貌，他听从弟弟的建议，下定决心当一个拳击手。

全世界都是你的学校

任何成功者的性格里，都藏着“一旦立了志向就非达成不可”的顽固基因，为了成为拳击手，他的房间除了拳击手套外空无一物，一起床就做几个俯卧撑开始训练自己。一年后，他成为了一个可以出国比赛的职业拳击手。

不久，他靠打拳击攒下的钱，从横滨搭船，经由西伯利亚铁路到莫斯科，再由北欧南下巴黎，千里迢迢来到柯比意设计的小教堂。连续好几天，他舍不得离开小教堂，一个人在里头享受着充满能量的、撩动心弦的光，诱惑人心的光，挑战思考的光。在光的呐喊中，他心中混沌的建筑梦第一次受到了鼓舞，看到了自己的无限可能。

仅剩的一笔钱只够他搭客货两用船回日本，船从马赛出发经过科特迪瓦、好望角、马达加斯加、孟买、锡兰、曼谷，两个半月的时间才会到达神户。青年住在船底的八人房，三餐只能吃面包和大豆煮成

的咸汤。他在马赛等了一个月，盘缠用尽，到了印度，他当掉身上的手表、相机和钢笔，进行了一趟饥饿却丰盛的旅行。

后来，他回忆到，在那样的惴惴不安中体验宗教的静寂之美，成为终生刺激他创作生命的某种酵素。

安藤考上建筑师时，一直因为“你不是大学毕业”而被许多事务所拒绝，他只好开始一个人的奋斗，参加过不少竞图比赛，全部落败，但本着像拳击手一样的斗志，他成了最知名的日本建筑师之一。

人生有挑战，才能感动不断，目前六十多岁的他仍说，不管做什么事自己总会浑然忘我、全力以赴。他一直是自己的训练师。套一句《牧羊少年奇幻之旅》的话来说：当一个人真心渴望某样东西时，整个宇宙都会联合起来帮助他来完成吧。

这就是安藤忠雄精神。

也许没有显赫学历，但安藤告诉你：全世界都是你的学校，就看你努不努力。你是自己最好的指导教授。

时间管理大师 3

生不逢时，但你可以选对时机

别再怪环境误了自己的前途！只要选择人生的定位大方向没有错，即使被迫错失了美好的年少时光，人生仍然可以补救。

提起全亚洲最会赚钱的人，亚洲最大创投基金——软银亚洲基金的掌门人阎焱，应该名列其中。他曾经创下在二十二个月内获利十六倍，赚进六亿美金的纪录。

他自己说，二十分钟内，他就能决定一个投资案。他在中国投资了十二年，很少人能骗得了他。

他专门寻找冷门或落难的好公司。人家不敢碰的公司，在他手上每每点石成金。

优秀的创投基金经理人不少，在众多投资标的中寻找遇到倒霉事的好公司，需要独具慧眼，从阎焱小时候的经历就可以看出他的“冒险家性格”。

他运气不好，成长过程并不顺利，十八岁就自愿下了乡。因为下乡工作不但环境恶劣，而且每天要做苦工十五个小时，但只有这样，自知“成分”不够好的他才有机会读大学。

他再度念上了大学，毕业后分配到公家单位做工程。有人有铁饭碗就很高兴，但他放弃了一切，考上小时候的志愿——北京大学。完成这个“北大之梦”，就花了他十年光阴。大学毕业他又得到美国普林斯顿大学的奖学金，本来可以念完经济学博士的他，放弃了学位，在美国从事创投工作。

为自己选择对的事做

生不逢时的他，倒是在对的时机为自己选了对的行业。国外的创投家不了解中国，中国土生土长的创投家未必了解资本市场的运作手法，阎焱两样都有了。

他自称是个“不安分”的人。所谓的不安分，在我看来，就是他永远在寻找自己的定位，永远不安于现状。

正是如此的不安分，使他下了乡，下乡后也没放弃他的志愿，使他成为恢复高考后的第一批大学生，使他得到留学的机会，又使他放弃学位，参与新兴的创投业，又回到了祖国。

他说，投资这个行业很适合他，因为里头的挑战实在太多了。这个行业的人，必须有经验，也必须很敏感，必须“不安分”地注视着变化万千的风险市场。

生不逢时，使他和那个年代的人一样，荒废了十年的时间，但是他却总是为自己选择对的事做。

为什么讲阎焱的故事呢？因为，命运的选择，关乎一生的时间，比某一天的细碎时间管理重要得多。

别再怪环境误了自己的前途！只要选择人生的定位大方向没有错，即使被迫错失了美好的年少时光，人生仍然可以补救。

时间管理大师 4

创意必须跑过自律的马拉松

不少作者自律性都很强，他们在思绪的原始奇幻丛林里跑不知终点、没有方向的马拉松，依靠着规律的时间安排不断地找到前进的路径。

我们常常误以为，创作者都得像李白一样当酒中仙，在混乱和晨昏颠倒的生活中酝酿出灵感来。

或许有半数的创作者是这样的。不过，依我的统计，这些生活混乱的创作者，其创作生命都不长，主要是因为，命没法活得太长。

自律性极强的创作者很多。村上春树是值得敬佩的一位。他写作已经超过二十七年了，对于写作时间的安排非常坚持。每天他都在四点起床，就算没有设定闹钟，时间到了还是会自然醒，然后他就开始边喝咖啡边写稿，至少写个四、五个钟头，也至少会填满十张四百字的稿纸——朝着一天十张、一个月三百张、一年三千六百多张的规律的速度前进着。

然后，他会出去跑步。跑步的理由是："健康使我有自信可以写出更有水平的作品。为了写出更好的东西，我决定要锻炼身体，所以每天跑步。"言下之意，他的人生是以"写出好作品"为目标全力前进的。他写了这么多年，仍然表示，人生能做自己喜欢的事蛮不错的。

在规律的时间中找到前进的路径

他说，写小说时，好像自己全身、全部的灵魂都变成小说，不只用头脑在写，身体每一个部位，连指尖也都在总动员。就好像一个人爬楼梯时会不自觉的提起左脚、右脚一样自然的动作着。就算写不出小说的时候，他也严格地按照计划表，维持"暖身"的状态，写点评论、散文以及翻译，每天一定要写点什么，持续写下来，总有一天写小说的时机自然会成熟，就好像酿酒师必须等待葡萄成熟才能用来酿酒，但在葡萄成长期，也不能什么都不做一样。

村上曾经巧妙地形容，这样的反复性规律作息，仿佛是在丛林中听到鼓声一般，带有某种被咒术控制似的神奇。

不少写作者自律性都很强，名作家刘墉先生虽然长年隐居在纽约附近绿草如茵的小区，但每天也都按照自定的时刻表起床、写作、绘画，二十年来从未中断过；吴若权的生活比邮差还规律，他早睡早起，每天早上五点一定会到附近的小学操场跑三千米呢。

写作当然要靠一点所谓的灵感，但是多年来持续性保持畅销的作者，几乎都是自律性极强的作者。他们在思绪的原始奇幻丛林里跑不知终点、没有方向的马拉松，依靠着规律的时间安排不断地找到前进的路径。

管好自己，管好时间

时间账本的主要策略：

1. 记录自己的时间运用的状况。
2. 制定目标并拟订改进之道。
3. 找出完整的时间，完成最重要的事。

时间管理大师 5

爆红者是天生的明星，持续发光却靠自律

没有任何成功是容易的，爆红靠运气，能够在荧幕前继续对观众微笑，心里要有目标，每天都得卖力。

“明星的生活是不是很乱啊？”在一连串的明星吸毒案和酒驾肇事事件之后，我常被人家这么问道。

我给人的印象大概和“乱”扯不到一起，所以比较没有被异样的眼光看待。有一位漂亮的妈妈级明星曾说，她觉得自己真的很冤，连上银行办汇款，业务员都挑着眉毛对她说：“你们现在人人自危哦？”

她气坏了。

荧幕存在的目的是为了带给人们欢乐与惊奇。人们看着歌手载歌载舞，露出灿烂的笑容，总以为他们生活必然写意，明星们常被误以为只会穿名牌、打麻将、出入夜店、谈不伦之恋，事实上，不少新闻

都是媒体隐善扬恶的结果，80%的明星过的是忙碌的生活。能够持续受到欢迎的荧幕名人，其实都没有什么时间玩乐，“台上一刻钟，台下十年功”的古训，到现在还是被遵循的。

生活一糜烂，缺乏自制力，再怎么闪亮的明星迟早都会“消失”。曾红极一时的日本女歌星华原朋美被唱片公司主动解约，就是因为失去自制力，让人忍不住为这个曾是“日本最受欢迎的歌手”难过。她刚出道时被经纪公司力捧，马上成为青少年偶像，也许是心理上还没有准备好吧。不久就在失恋打击后闹自杀，到后来虽然想要复出，但又因服药成瘾，无故“人间蒸发”，酗酒醉倒街头，使得经纪公司拒绝再为她收拾善后，宣布终止合约关系，演艺事业再度归零。

在我看来，美貌和天分都不是明星的长期饭票，真正的明星也不能只靠经纪公司安排的时间表按表操课。台湾流行歌坛的艺人中，蔡依林的认真是数一数二的。看她在《舞娘》里挥舞彩带，做各种韵律

体操的高难度动作、翻跟斗，演唱会里出色的舞蹈也让观众频频惊呼。没有人会相信一刚开始，她曾是让舞蹈老师头痛的“同手同脚”的学生。连唱片公司的老板都在受访时感佩地说：“她不是天生型艺人，她的歌声、舞蹈、姿态都是苦练出来的。”

条件和美貌比她强的人很多，但努力如她的没有几人。蔡依林的名言是：“我不能忍受还没学好就放弃。”只要她想学的，她绝对全力以赴，直到达成目标。过程就是练习、练习，再练习，主动学习、专注练习。

就这样，从弯腰双手摸不到地，到双腿能劈成一直线，她从甜美偶像脱颖而出成为舞台焦点。为了掌声，她付出了许多代价，观众才会觉得看她的演唱会值回票价。

没有任何成功是容易的。爆红靠运气，能够在荧幕前继续对观众微笑，心里要有目标，每天都得卖力。

时间管理大师 6

能者不会太多劳

很多主管都用了许多时间，做了许多看来一定要完成的事，但是实际上的贡献少之又少。

俗话说："能者多劳。"官做得越大，事情一定越多，一个高级主管，可能在吃早餐时都有早餐汇报，午餐时有午餐汇报。来自世界各国的电话不断，要盯着公司的营运，又要处理属下的工作情绪。还有，动不动就要飞往五大洲，参加各种聚会，还要应付记者采访……

对这些万人之上的人来说，工作上的时间管理能力，就是他们的决策能力。

每个大老板都有自己的时间管理秘诀。比如：前惠普总裁普拉特严格地将每天要做的事进行时间分配：20%的时间和客户沟通，35%的时间开会，10%的时间以电话联络，5%的时间看文件，剩下30%

的时间是弹性运用时间，可以应付突发事件发生时的记者采访等。

他也聘用一些退休的主管，在他不在公司时负责与客户沟通的工作，运用授权的力量，得到和自己处理一样的效果。

如果职位已经很高，就不能什么都自己来，不懂得授权，只会弄得自己过劳死而已。

CEO 有效的时间管理法

美国西南航空前 CEO（首席执行官）凯莱赫（Herb Kelleher），则授权一位秘书全权管理他的时间表。每天秘书都会给他一张待处理的单子，里面的事情分成两类：一类立刻完成；一类是最迟可以延长到明天早上完成。这种分法简单而有效，而且很符合“活在当下”的原则，可以把事情的轻重缓急分出来，并且让他有充足的时间思考公司的未来。

早在四十多年前，彼得 · 德鲁克为了找出“有效的管理方法”，就开始研究，什么是浪费时间的元凶，有什么方法可以有效地管理时间？

“主管的时间通常是属于别人的，常变成组织的俘虏，很多主管都用了许多时间，做了许多看来一定要完成的事，但是实际上的贡献少之又少。”德鲁克是这么说的。他主张从是否能够珍视时间来鉴别一个主管效率的高低。

彼得 · 德鲁克提出的时间管理原则一点也不难。我将它分为三大步骤说明：

一、记录时间运用情况

开始学习当场记下、及时记下自己做了什么，绝不凭事后记忆。很多主管因而发现，自己把时间用在许多细枝末节的事情上。通过如实记录，才能思索最好的时间管理原则。

二、系统化管理时间

从自己的记录中找出无生产力、浪费时间的活动，并且尽可能避免。德鲁克要求我们自问三个问题：

1.“如果根本不做这些事情，会怎么样？”如果答案是“不会怎么样”，那就省了它吧。

2.“什么事如果交由其他人完成，也可以做得不差？”那么，就交给其他人做吧。

3.“有哪些事浪费了你或其他人的时间，但对于效率毫无贡献？”比如有些开得太长的会，阵容庞大又漫长，根本没重点，只是浪费大家时间和公司资源。

有趣的是，德鲁克发现，有些人之所以忙，是因为他们以为自己很重要。他以一位自称两年内只有圣诞夜和新年才在家吃晚餐的 CEO 为例，细看他的行程表，发现许多晚宴根本只是客套性的邀请，CEO 参加了，反而徒增对方的困扰。他也发现，企业界里有多达三分之一的餐会属于：就算公司里没有一个高阶主管参与，也不会影响公司业绩，应该说不参加！

不少台湾男人都掉进这种无谓的应酬里，都说为了业务需要，其实去了未必有效，有的在任务达成后还不舍得离去，伤胃又伤肝。

三、找出完整的时间，完成最重要的事

主管一定要有一段完整的时间，主管要管理时间的最后一个步骤，就是找出一段完整的时间，不受干扰的时间，专心地完成重要的事。

管理学大师传授的时间管理心法，同样也适合用在升斗小民身上。你只要花一个星期记录自己做了什么，就可能一辈子受益。

管好自己，管好时间

时间管理的墨菲定律

有一位管理咨询专家叫做佩克·皮克林（Peg Pickering），强调时间管理要有幽默感和弹性，请牢记以下墨菲定律：

1. 如果你很快地完成了90%的工作，别沾沾自喜，很可能它就会一直停留在90%的那个地方。
2. 有些事进行得好时，一定也会有另外一些事很糟。
3. 变化速度总会超过你的计划。
4. 当你自认为掌握全局时，嘿，一定不是你想的那个样子。

时间管理大师 7

忙碌也是享受人生

让挑战型的人讲究生活，慢慢地活，他会很痛苦，他对追求成就感天生就有兴趣。他要快快地活、惊天动地地活才会快活。

下面哪一个描述适合你？

一、虽然有时我渴望休息一下，但是我其实很喜欢工作，喜欢新的挑战，我没事也会自己找事做。

二、我只想做我擅长而且熟悉的工作，不喜欢太多的挑战，一直希望能够平平凡凡的生活，日子只要不无聊就可以了。

三、我不知道自己喜欢什么样的生活，我只是觉得日子压得我喘不过气来，很渴望好好休息，可是休息时我不喜欢一个人行动。

四、我想要按照自己的喜好作息，我一个人也不愁没事做，可以优哉游哉过一整天。

解答如下：

选一的是挑战型，总是期待着刺激。

选二的是安稳型，他们是维持社会安定的中流砥柱。

选三的是矛盾型，他们很怕程式化的生活，却又不想主控自己的未来。

选四的是逍遥型，他们不喜欢自己的生活被别人主宰，可能变成艺术家，也可能变成流浪汉。

很多人在讲"慢活"，慢条斯理、细细品味生活，不过，把节奏变慢，不要追逐外在名利——这是很好的生活主张，但并不适合每一个人。

让挑战型的人讲究生活，慢慢地活，他会很痛苦，他对追求成就感有兴趣。他要快快地活、惊天动地地活才会快活。

安稳型、矛盾型和逍遥型的人可以"慢活"。他们不喜欢快节奏的日子。安稳型的人较具有自律性格，但矛盾型的人可能因为活得太没压力，反而自寻烦恼。而逍遥型的人可能因为太没压力，变得懒散。

为自己量身定做时间管理

一样米养多种人。有些人确实会从追逐中得到快乐，永远都想要突破现状。以香港首富李嘉诚来说吧，他七十岁生日那天，有宾客问他："你平生最大的愿望到底是什么？"李嘉诚当时这么说："开一间小饭店，忙碌一整天，到晚上打烊后，与老婆躲在被窝里数钱！"

宾客大笑。

在李嘉诚心里，忙着数钱是快乐的，这种人千万别要他隐居或享清福，他已经是个巨富，一点退休的意思也没有，只想往前冲。

挑战型的还有美国著名华裔刑事鉴定专家李昌钰。李昌钰的时间管理技巧，是马不停蹄地忙忙忙：他每天工作十六个小时以上，每周工作七天，从来没有正式度过假，即使度假也是和工作结合在一起，搭飞机仍然分分秒秒盯着一大堆文件数据聚精会神地看着。

他经常告诉学生，不要一心二用，但一脑要三用。李昌钰说自己没有什么奢侈的嗜好，直到几年前才开始打高尔夫球，但打球时脑袋也没停着，因为他认为在球场上能很好地思考问题。最好笑的是，连打高尔夫，他都很忙，不知不觉会动起他的侦探脑袋，判断哪边的草丛里藏着未被发现的球。他说："我每次都能捡一包球回来，所以我的球越打越多，现在都有好几千个了。"（看来他打球的乐趣在捡球）。

要他享受清闲，什么都不做，一切慢慢来，等于要他活受罪。

李昌钰的时间管理方法，应该会受到挑战型朋友的崇拜吧。他说："世界上最平等的是，每个人都有二十四小时，一年只有八千七百多个小时。一个人平均一年睡掉三千两百个小时，吃饭吃了一千两百个小时。"他觉得这样过日子是很可惜的。别人一天工作八小时，他一天工作十六小时，他有别人两倍的时间工作，所以能把时间分成八个四分之一："我四分之一的时间教书，在法学院、医学院、研究院都教书；四分之一的时间鉴识案件；四分之一做研究；四分之一的时间是帮助别的州或国家办案；四分之一的时间是到世界各地讲学；四分之一的时间是写文章：四分之一……"

他还说过，有人说他不会享受人生，他认为，从写书、破案、显微镜下他也享受到了人生。"享受人生并不一定是躺在海滩上晒太阳，晒太阳你会患上癌症！"

如果强迫一个能力不足、心脏不够强、不爱挑战的人过这种“八个四分之一”的生活，恐怕早就精神分裂了吧。但他却乐在其中。

钟鼎山林，人人各有其志。如果你想要找一个擅长“时间管理”的偶像，你不能只是羡慕他，必须要思考，自己是否想成为跟他一样的人，并且是否能享受这个节奏的生活？

我也认识一位画家朋友，一年才画一幅画，熬一锅鸡汤可以在炉边守十二个小时；为了有香料入菜，自己种迷迭香和薄荷，等它们慢慢长大；所有的食材，她都不肯图方便在住家附近买，常常花几个钟头开车开到原产地区；若有幸在她家吃一道简单的意大利面，也往往要苦等两个小时，千万别催她，她不会做，慢慢来，她怡然自得。

她从来没上过班，也不认为自己有必要接受什么社会洗礼（当然，这也要感谢她的好父母愿意体恤），她过得很快乐，也自觉幸运且幸福！

这样的人当然不会想要过忙碌的日子、也不乐于在被窝里数钱！她只要顺着自然节奏过活即可，千万不要逼她将“功利社会”的时间管理硬套在生活里。

每个人需要的时间管理还真不一样。

时间管理大师 8

爱迪生的时间传奇

做人，不是逢迎巴结，到处钻营，而是发自内心的想要和一群人一起学习，尊重对方的长处，互相借助彼此的能力。

如果没有爱迪生，我们的物质生活，恐怕会万古如长夜吧。

最近我看了一本《解剖发明家——爱迪生传》，对我们印象中的爱迪生，有了不一样的看法。

出生于一八四七年的爱迪生，从小就很爱问“为什么”，然而，可能因为他的脑袋构造和别人不太一样，自小被视为低能儿，一生只上过三个月小学。还好他的母亲是一位教师，耐心地教导他，才使他变成“发明大王”。

他从十二岁就开始工作，当报童赚钱以维持他的化学实验室。此后爱迪生陆续发明了灯泡、留声机、电报机、电影机、圆形唱片、磁力析矿机、鱼雷机械装置、水底潜望镜、压碎机……

爱迪生很长寿，享年八十四岁，曾有人问他："何时会退休？"他都潇洒地回答："葬礼之前。"他去世后，留下两千项发明成果。每一项发明过程都是复杂的，以电灯为例，传说他做了一千六百多次耐热材料和六百多种植物纤维的实验，才制造出人类第一个灯泡。

有人研究过，一个人一辈子要完成这么多复杂的发明，实在不太可能，因而认为：爱迪生的时间管理必有独特的窍门。也有人歌颂他："天才是九十八分血汗加两分灵感。""生前不必多睡，死后必定长眠。"认定他是个不眠不休、勤奋工作的代表。

没错，以上的描述都是对的，但却不足以说明爱迪生为什么可以完成那么多发明。事实上，他一个人是办不到的。

"爱迪生"是他所率领的研究团体的名称。

这个团体包含各行各业的聪明人。他们有不同国籍，有人不会说英语，包括许多德国人；这些人有博士，也有人完全没受过教育。爱迪生依专长给每个人取绰号，比如其中有一位博士法兰西，被爱迪生称为"文化"先生；有一位纺织工人叫帕特罗，被称为"艺术"先生，因为他的手很灵巧。这个团体的人，来来去去加起来有数百人。当时，发明家赚不了太多的钱，所以一年多发不出薪水是常有的事，但是他们仍然愿意跟爱迪生一起工作。

爱迪生很聪明，他甚至知道自己还不够聪明，所以必须借重别人的专长，把人放在最适合的位置。他也很擅长鼓励工作伙伴，有人形容他"个性像电灯一样，照亮整个房间"，人们都乐意跟一个会改变世界的人一起工作。

所以我说，爱迪生不只是一个人。光靠单打独斗的力量，完成的

工作是有限的。过去常有人自以为聪明，感叹自己是“只会做事不会做人”，其实，如果胸襟够大，做人也是很重要的。做人，不是逢迎巴结，到处钻营，而是发自内心的想要和一群人一起学习，尊重对方的长处，互相借助彼此的能力，攀登一个光靠自己的力量无法抵达的高峰。

管好自己，管好时间

可以授权或外包的事……

1. 你把同样的时间拿来做你喜欢的事，可以比做那件事更有利益或更让你愉快。
2. 对掌控全局不构成威胁。
3. 有一套监督管理的制度。
4. 选择的人要有专业能力。
5. 互惠互利的可能，容忍对方小瑕疵。

时间管理大师 9

专心一定有前提

我们只能对自己感兴趣的事情专心。这是上天给我们的最好的礼物，也是最大的限制。

“我们可不能够辛辛苦苦的一级一级爬上了成功的阶梯，没想到爬到顶端，才发现梯子摆错了方向！”作家史蒂芬·柯维在《与成功有约》里这么说。

是的，你一定听过很多“专心”的模范生的故事。

比如，有个女孩从小读书很专心，连她们家姐妹在她背后垒了很高的东西，对她恶作剧，她也都没发现。背后的东西倒下了，也吓得她跌坐在地上，手中还紧紧抱着书，口里大喊：“地震！地震！”

这个女孩就是居里夫人。她从小做什么事都很专心，所以比她那些恶作剧的姐妹们有出息。

我们也知道，科学家牛顿做研究做得太专心了，某一次饿了，竟然把珍贵的怀表当成鸡蛋煮。哲学家黑格尔为了思考他的哲学问题，竟然在同一个地方浑然不觉地站了一天一夜……

找出自己最能专心的事

大家都知道，专心很重要。可是，专心一定有前提。

我们只能对自己感兴趣的事情专心。这是上天给我们的最好的礼物，也是最大的限制。

如果有人说起文学或历史，再艰深我都会聚精会神。如果说起各种清洁剂的用法或电脑里头的各种精密零件，我想，不到一分钟，我就浑浑然只想入梦。

有些人爱好古典音乐，他们可以花一整个晚上专心听音乐，甚至连指挥家的喘息，都会吸引他们的注意力；像我就不行了，我也喜欢听古典音乐，但是一定要一边听一边看书或写稿，不然过了十分钟，我的听觉会变得越来越迟钝，一专心就会睡着。

没有试过，没有费过心，就不会知道自己感不感兴趣，所以一定要多尝试。尝试之后，还是没有兴趣，那么，就不要勉强自己。

每个人感兴趣的事不一样。

有一次我在演讲会的Q & A时间中随口问一位男士：他最想对太太说的一句话是什么?

他想了想，说："我太太很好啦。不过，如果一定要说的话，我想对她说，请不要在我看棒球时对我说话，等我看完再讲好不好? 要不，有话也请在广告时间内说完嘛。每次我们都因为这样而吵架！因为我不喜欢被打扰，而她不喜欢我不专心回答她！”

他的太太应该不太喜欢看棒球，又想要他陪，所以她会以为，反正现在不是重要时刻嘛，我说几句话又怎样？

人同此心，如果太太很喜欢看连续剧，先生偏又选在那时候吩咐东叮咛西的，太太一定也很不高兴吧。

我们对于自己喜欢的事，才会聚精会神、专心致志。不喜欢的事，想要集中注意力很难。

但有些时候实在没办法，不喜欢也要做。比如学生，比如无奈执行“老板交办事项”的上班族。

这时候，大概只有为自己设立时间期限完成（比如：一个小时内把企划案大纲完成），才能逼自己在短期内专心一点儿吧。

竞赛感会让我们得到刺激，集中注意力。

不过，最重要的，还是要找出自己最喜欢的事情。那一件事，必然能够不费力的让你专心。

打电玩、打麻将等娱乐，当然也会让你专心。所以，除了专心和喜欢还是不够的。如果想要让自己活得越来越充实，你找到的事情，还要有一点“燃烧灵魂”的感觉，它必须能让你看出自己的独特性，陪你在人生路上无怨无悔地走下去！

时间管理大师 10

灵魂也要赶得上速度才行

我们人生中值得夸耀的那 80%的功劳，
都是我们用 20%的时间获得的。

这是一个有趣的故事。

有位传教士到了非洲，急着进入内陆丛林深处，接替另一位传教士的工作，雇请了一群当地人帮他挑行李。

他必须在三天内到达。为了赶路，一路上催促着挑夫的“领导”，要他加快脚步！每天早上，他总是第一个起床，把所有的人叫醒！

赶路赶了两天，越来越接近目的地，当晚，传教士才放松了些，睡了个好觉。第三天，他叫大家起床，但这些土著完全置之不理，像失了魂一样，坐在原地不动。

传教士请人帮他翻译，翻译的人说：“噢，他们说，他们的身体虽然已经在这里，但是必须要等一天，等缓慢的灵魂赶上来才行！”

不管你适合快节奏还是慢节奏，不管我们在做什么事，除了我们身体在行动之外，也要等灵魂赶上来才行！时间管理是一个身心灵的协调工作，身体跑得太快，灵魂没赶上的话，我们的精神还是会无法承受的。

怎么样让灵魂赶上来？

我们来看一个企业界最常说的方法，“80 / 20 原则”吧。这是十九世纪意大利经济学家帕累托（Pareto）所提出来的法则，基本概念大致是这样的：前 80%的价值，是由前 20%的事情产生出来的。剩下那 20%的价值，是由 80%的事情产生的。

比如说，你常穿的 80%的衣服，只有衣柜里那 20%的衣服。

一个公司虽然有很多产品，但80%的利益，都只来自前20%的顶尖产品。

所以，我们人生中值得夸耀的那80%的功劳，也都是我们用20%的时间达到的。

不少时间管理专家，都企图教大家善用那80%的时间再创造一些有效率的事情。

不不不，别忙了。我的想法刚好相反。我觉得，我们只要善用20%的时间来做80%的工作，那就算是很完美的时间管理了。其他80%的时间，你一定要让自己活得舒服、畅快，不管你是用来做别的工作，还是用来玩。

不可否认，照自己的理想或梦想完成一件事的感觉真好，什么事都被迟延搁置的感觉真糟。

时间管理，就是要我们了解自己，为生命做决策，每天充实度日，享受有成就感的生活。

而再怎么管理，人生总是有不能管理的时候——如果我们能用20%的时间实现梦想，至少，我们有比较充裕的时间，来应付变局，思考未来，甚至享受各种意外的惊喜！

Part:05 打通时间的关节

任何一件事情，只要你很专心、很投入，而且做得很好，你就会得到快乐，如果你心不在焉、玩得很糟，再好的娱乐也会变成折磨。

时间魔法 1

不被时间追赶玩弄的独家秘籍

先做大事，然后在空隙的时候做小事，才能让你每天过得很充实，而且每一件事都能被完成。

在你一天的工作时间中，有多少比例用来处理最该做的事?

美国一项研究显示，只有17%的上班族，认为自己善用大部分工作时间来做该做的事。其余则认为自己会受到庞杂事务的干扰，而这些事情都是没有实质生产力的。

你的休假又有多少比例用来从事让你开心的事? 答案恐怕还不到17%。很多人在休假后发现，他的假期都用来打扫家里卫生、清除杂物，做一些零零碎碎的事，或者漫无目的地看电视，“值得一提”的休假心得等于零。

工作没做好，休假也没休好。生活虽然忙碌但还是觉得空虚。

有个众所皆知的小寓言，最适合用来谈时间管理。

有一位教授，上课时在讲台上摆着一堆沙、弹珠、石块和水，要学生把它们全都放进大玻璃瓶里。

有个学生先放了沙，再放水、弹珠与石块，还有一半的石块还搁在讲桌上。

“没办法了,只能放进这些,要把这些东西全塞进去是不可能的。”学生说。

教授拿出同等分量的材料，先把大的石块放进去，再放弹珠、沙，最后再将水倒进去。果然，东西全塞到瓶子里去了。

“空瓶子代表我们每天所拥有的时间。我只是想让你们知道，时间管理要先做大事。如果你只先做一些琐碎的小事，那么大事就很难被完成。先做大事，然后在空隙的时候做小事，才能让你每天过得很充实，完成每一件大事。”

每个人的状况不同，心中对事件的先后缓急的评断也不同。你的大石块在哪里，它就必须被优先处理。

我的“大石块”与别人的未必相同，下一篇的内容将谈到我的武林秘籍——根据多年来的经验所练就的时间管理心法，虽然，未必能当成每个人的参考，不过，我很乐于将之分享给每一位朋友。

时间魔法 2
改变你对工作或读书的态度

如果工作时你只是期待下班或退休的话，那么，
跟囚犯期待刑期期满有什么差别呢？

不要以为，只有休息才能让你快乐，我们必须给工作比较正面的定义：事实上，工作也一直让你活得很充实很快乐，不是吗？在工作时，我很享受“专心”的感觉。任何一件事情，只要你很专心、很投入，而且做得很好，你就会得到快乐。如果你心不在焉、玩得很糟，再好的娱乐也会变成折磨。

不管那一天情绪如何，我会劝告自己，镇定下来，好好工作。

以上班族来说，一辈子花时间工作到退休，长达二十五年，扣除吃饭、睡觉、休假等，你至少有八年时间在工作。如果工作没让你快乐，你等于坐了八年牢。如果工作时你只是期待下班或退休的话，那么，

跟被判长期徒刑的囚犯期待刑期期满有什么差别呢？

就算没找到一个好工作，也该用快乐的心情做它，在工作中得到乐趣，这才是最划算的。

被迫的事情会让人有不快乐的感觉。学生常会觉得读书不快乐，通常也是因为他觉得是被迫的，心不甘情不愿。如果把一件事在我们脑里设定成“自愿”的，我们就不会那么如坐针毡了。

把“读书”变成自己想做的事，而不是“大家都必须”做的事，过程和结果会有多大的不同呢？台师大有一位吴姓硕士生，在毕业时拿到杰出学生奖，还考上了台大电机系博士班。没有人相信，他念初中时是个让老师头痛的放牛班学生，初中毕业时竟然只会简单的加减乘除，英文嘛，只勉强看得懂二十六个字母。什么高中都没考上，选择念了汽车修理专业。

汽修专业毕业后，本来打算当修理工人了，有件事使他转变了对读书的态度。有人告诉他，自己小时候跟他一样爱玩的死党，在那一年考上医学系。他回家想想，自己并没有比他笨啊，真是不服气。

当下，他决定重考。多年荒废的功课绝对不是立刻赶得上的，刚上补习班时简直是鸭子听雷，他花了三年时间苦读，才考上台师大工教系汽修组。因为求学路比别人坎坷，他大学、研究所念得比其他同学更认真。读研究所这两年，几乎天天睡在研究室，经常做研究到天亮。目前他已经有三项微机电封装研究在申请专利中。

别人念一小时，他愿意念三小时，原因只在于：他下定决心了。下定决心要做好一件事，并且真正去做它时，你就会发现，它的乐趣增多了，而你的动机越来越强了。

时间魔法 3

现在没法解决的事，就不要想它

不让一件让人烦忧的事像扩散的污水一样沾染自己全部的生活，有智慧又有能力的人才做得到。

在我还是个“菜鸟”记者时，我曾采访过一位三十岁左右的杰出女性。我与她虽然不算朋友，但在之前曾有几面之缘。

在一个小时的采访中，她面带微笑地回答了所有问题。结束访问时，她对我说：“我刚刚去医院拿了检验报告，我得了乳腺癌，是恶性的。”

“啊？”我完全怀疑自己的耳朵。

怎么可能？那……您怎么可以那么平静地接受我的访问？我问。

“我已经答应你了，这是我之前答应的事情。何况，我得了癌症这件事，并没有办法在这个小时内治好啊。”

她微笑道。

我想我这辈子都学不会她的从容，但她也给我上了宝贵的一课："这个时候没办法解决的事，先不要想它。"（当然，病情也还是要面对，不能拖延。）

有一段时间，她退出江湖，专心养病，控制住了病情的她，又回到了职场。幸运的是：十年来，癌症并没有复发。

不让一件让人烦忧的事像扩散的污水一样沾染自己全部的生活，有智慧又有能力的人才做得到的。

时间魔法 4

懂授权就不必做千手观音

也许我自己买会比较满意，但是千万不要这么想。

授权，就必须接受别人的选择和自己不一样。

我其实是没有资格说自己没时间。

在我看来，上有老、下有小的职业妇女才是最有资格说自己没时间的人。偏偏我也看过不少上一代下一代都要照顾的女士，时间管理照样从容，事业还是蒸蒸日上。

有一则台湾全录公司女 CTO（首席技术官）的故事，可以给我们很好的启示：

她叫凡达 · 布鲁克，十年前，她和先生刚移民美国，有三个还没上小学的小孩，刚找到稳定的工作，一个突发事件改写了她的人生：先生在一趟旅行中因哮喘病突发而过世了。

公司很体谅她，建议她为了照顾幼子，转到比较轻松的部门工作，她推辞了。

十年来，她确切执行了一门“母代父职，又必须做全职”管理学——用最简单的方式来解决各种细琐复杂的事情。因为知道自己的时间永远都不够，所以必须学会不为小事抓狂，才能把力气集中在大事上。

她把家务外包，请人来打扫，也多付钱要求两岁小女儿的保姆帮忙准备大家的晚餐。“晚餐，可以吃就好。”

想添购什么用品，她就请孩子们在厨房贴备忘录，想到就写下来，自己没空买，就统一雇用工读生去买。买来的东西当然也常不尽如人意。“有时我也想到：也许我自己买，结果会比较满意，但是千万不要这么想。”

授权让你准时下班

授权，就必须接受别人的选择和自己有出入。

单亲妈妈带三个幼儿出外旅行，十分麻烦，但她并不愿牺牲和孩子共度假期的权利。每一次旅行，她的旅行都会选一个定点，住上好几天，比如滑雪或露营，大家安安稳稳地在定点旅行，不会因为拎着大包小包行李赶行程而心浮气躁。

工作上她也采取授权原则，为了每天准时下班，凡达·布鲁克每天都会设定自己工作的优先级，可以请同事和属下做的，就不往自己身上揽。这使她赢得人缘，也培养了一群能够互助合作的同僚。

想必，这位聪明的职业妇女在面临先生意外去世时已经思考过了：

他走了，我又调到冷门部门，恐怕我就不会有什么事业上的前途，那么，就不会有宽裕的经济来源。朝着思考后的方向走，不让自艾自怜占用时间。

十年后，她不但没有被悲剧击倒，没有失魂落魄，也没有过劳死，反而当上了台湾全录公司的 CTO（首席技术官）。

管好自己，管好时间

听声辨位找人才

如果你有要事想要托他去做，什么样的人一定会误事？从他说话听话的习惯可以看得出来。

1. 琐碎事情也要说个老半天——你只能托他做琐事，但还是会得不偿失，因为他可能会帮你买个东西却啰嗦半小时。
2. 话不听完的人——没耐心的个性，无法完成事情。当然，也可能是你交代事情的方法太唠叨了。
3. 话讲个不停，不知适可而止的人——百分之百会因为爱说话而误事，事情没做完，有关你的谣言已被他传得满天飞，成事不足，败事有余。
4. 一直说没问题，但在做事过程中完全不主动来报备进度的人——通常没有时间管理观念，也没有企图心。
5. 不断说十年前伟大梦想的人——他的梦想迟早会变成“遗志”啦。
6. 一打起电玩或麻将就昏天暗地不知停止的人——爱情的力量是无法让他变成有为青年的。

时间魔法 5

钱能够解决的事都是容易的

别人做得比你好的事，如果经济上过得去，最好交给别人做，千万不要自己做“校长兼撞钟”。

我不喜欢做的事，如果不是非我做不可，我一定会让钱帮忙解决，不会占用我的宝贵时间。

我对“重复性”的日常生活工作都没什么耐心，算是个很不爱做家务的人，尤其是整理和清洁工作。为了不因为如何分工而吵架，推算出“雇用钟点清理人员是我们家的最佳策略”。

我们家没有资格请常态性的外佣，也都不喜欢跟陌生人住在同一屋檐下，请人每星期花四个钟头来帮忙打扫、倒垃圾是最好的选择。

有人来打扫时，我必然不在家，因为我也不想当“家务总司令”。那段时间，我刚好为自己安排了按摩和油画课，过半天的“贵妇生活”。

“哇，不爱做家务，你怎么一点罪恶感也没有？”曾有一位工作家庭都很厉害的朋友问我。

是的，我真的没有。如果我不做便会有罪恶感的事，我一定自己做。但我不做会有罪恶感的事，通常是“只有我能把它做好，非我不可”的事。

之前我曾经提过“机会成本”问题——如果以你的专长，一个小时的钟点费比做家务管理人员高，为什么要有罪恶感？你正在提供别人工作的机会，并且促进经济发展。

别人做得比你好的事，如果经济上过得去，最好交给别人做。我每天的工作常要跑来跑去，为了不想因为找停车位而迟到，我雇了一辆出租车。做了七年早晨九点的广播节目没有迟到的原因，其实不在于我很自律，而是因为司机每天早上会准时来按门铃。一年总有一两次，我不小心在闹钟响后又睡着了，还好还有门铃吵醒我。

车上，我可以化妆、把该打的电话打完、看报纸……甚至在赶场时，我还可以先请司机帮我买一份餐，在车上悠闲吃完，从来不会因为忙碌就亏待自己的胃。

若是自己开车，一定没法这么从容吧。

划不划算也要算进时间

也许你会说，我这样不划算。并不，我精算过一年的车费支出与自家车辆的总费用，发现还是这样做比较划算。交通费可以报账，又可以省去车辆的折旧费与油钱，我也不用付司机固定薪水。由于长期合作建立了信任关系，有不少私人的事情——比如缴付某些账单费用，可以请司机代为完成，节省了许多时间。

唯一损失的就是“排场”了。当然没有开“双B”【汽车界双B分别指BMW（德国宝马）和Benz（德国奔驰）两个品牌】的车拉风。但是，也省去了女生自己开豪华车被歹徒盯梢的风险。

如果经济许可，千万不要自己做“校长兼撞钟”，中国历史上，最事必躬亲，什么细微政事都自己来，夜以继日在批奏章见官员的，就是王莽了。篡位十多年后，国家法制官制币制都越来越乱，不多久还是天下大乱，自取灭亡。

时间魔法 6

最难做时间管理的事都是私事

当人们自觉被对方卡住的时间越多，婚姻关系反而会越紧绷，没有什么是不能够改变的，有时要改变的只是观念而已。

最难做时间管理的事都是私事。

有些人谈恋爱，习惯黏到底，白天明明都在一起，晚上回家，还要花几小时在电话热线夜半私语。

还好，热恋期都不是天长地久的，这是暂时现象，不用太过担心。但是，太过黏人的情人，恐怕就是时间管理的大敌了。有些人连自己到咖啡厅喝杯咖啡都觉得孤单寂寞，什么事都无法独立完成、赖着情人陪，这样的人并不罕见。

不只是好女怕缠郎，好男也怕黏女。

这样的情人，被我称为“耗氧量太高的情人”，谈恋爱难长久，因为他们会让情人在离开热恋期后，就觉得自己一天比一天累。

想要长长久久，爱情毕竟是不能太黏腻的。

成全他去做他真正想做的事

已婚职业妇女常因姻亲关系，在时间管理上倍感压力。

丽君告诉我，她最痛苦的是，每周六都要陪先生回婆家吃饭，一吃就是从上午到晚上，婆家人虽好，但有时也会有压力，妯娌间也并不是真的有话聊，连假期都没有自己的时间，使她这个年轻的职业妇女倍感烦躁。

丽君说，她宁愿上班，不要放假。周六周日反而使她度日如年。她先生希望她每周六回夫家去吃午饭、陪公婆看电视，她其实不愿意，但碍于孝道，只好配合。而为了维护公平的感觉，身为独生女的她也会要求先生周日回到自己娘家吃午饭，顺便陪自己爸妈搓几圈麻将；丈夫虽然最后都会就范，却总会故意推托一下，在她家又常聚精会神地看起书报杂志，话也不应一声，惹得她很不高兴。

回婆家与回娘家，最常成为新婚夫妻吵架的引爆点。

连仅有的一点点时间都无法支配，当然会带来很郁闷的感觉，常是婚姻中争吵的源头。两个人意愿不同，却非要彼此配合行动时，不吵才怪。

两人僵持了半年，双方都觉得对方不够爱自己的家人。人都是很敏感的，双方都可以感觉：另一半就算人到了，表情也不够好看。有几次越吵越凶，连离婚两个字都吼出来了。

丽君的老公算是很理性的，后来，由他出手停掉了这个周六周日的吵架戏码。因为他发现，自己回家时，老母反而比较高兴，因为媳妇不在，要跟儿子讲什么，可以畅快无碍地讲，不必在乎媳妇的看法。他更改了自己“结婚后一定要带老婆回家”的想法。

有趣的是，丽君也不再硬性要求老公陪她回家。她也发觉，带他回家，她还要招呼他，没法和自己的家人开心打牌。

两人后来都在星期六各自回自己家，每个月，也总有一方会良心发现，主动配合对方回家省亲。由于是自愿的，脸色好得多，也比较愿意做点人情和面子给对方。

他们两人终于拥有共同的星期天，婚姻关系也倒吃甘蔗——越来越香甜了。

有关给亲人的时间如何分配，我的建议是：沟通比忍耐好。一定要这么硬性规定吗？当人们自觉被对方卡住的时间越多，婚姻关系反而会越紧绷。没有什么是不能够改变的，有时要改的只是观念而已，让对方去做他真正想做的事，自己反而也拥有时间做自己想做的事，感情的赛局，非双赢不可。

时间魔法 7

适时拒绝总比做不好来得好

一个人的时间有限，如果没有原则和选择，时间就会被“他人的意愿”——侵蚀。

热心也可能惹上大麻烦。有些事情，还真不该“从善如流”。

我会拒绝某些事情。

一、我曾经感觉很不好的事

如果那一件事情让我不开心，不管是谁请托，我都会委婉拒绝。

我曾经受邀在某社集会时进行“餐会演讲”，那种感觉让我很不舒服。该社都是有头有脸的人，每月定期聚会，在午餐时请人演讲。由于大家都是忙人，所以不会准时集合，讲者演讲时，常常会听到刀叉切牛排的声音。

又因为大家都非显即贵，所以也常用“请你来演讲是我们看得起你”的态度提出邀请。

我曾去过两次餐会演讲，两次的感觉都很不好，有一次集会，我这个演讲者竟然是除主办人之外第一个到的。

之后，我都以“忙”为由拒绝这些邀约。

如果我不拒绝的话，恐怕一年会有超过五十场类似的餐会演讲。

我也曾碰到过死缠烂打的邀约者，他说他在南部，是某知名人士的亲戚，他所邀约的比我有名的人都去了，我也应该去。

哈！我有一个原则，如果我不想去，或我不喜欢这个人的话，我还是会说不。知名人士又怎么样呢？我也曾经接过好几次高官的电话，要求我出席某些讨论会或餐会，奇妙的是他们都认为“我今天打电话给你，你明天就该有空参加！”——到目前为止，我也都直接表达“谢谢，但是我对这个主题没有参与的意愿”。

有时我会以正在写作一本书不想分心、刚好有录像为理由，坚定的拒绝。他邀请几次，我就拒绝几次。

一个人的时间有限，如果没有原则和选择，时间就会被“他人的意愿”一一侵蚀。那么，我恐怕会变成一个“公关型作家”。

我的朋友都很清楚，如果是朋友，而且当天我有空的话，我绝不装模作样，可以马上接受“应召”，如果我说我不想去，再怎么跟我死缠烂打也没有用。

二、不关我事的私事

有些事情，太爱管闲事的话，徒然变成了一个管家婆，热心反而没好报。

这些年来我曾经接到的委托，有的还真的很离谱。包括：一位女性友人的丈夫不肯和她离婚，她希望我去跟她丈夫晓以大义；还有一位女友跟男友吵架，她希望我去打电话给他，说服他镇定下来……

我没有帮忙。因为，我根本不认识她们的丈夫和男朋友，也不是社工人员或调解协会，这样硬生生地加入混战中，不但会给她们惹麻烦，也会给自己惹上麻烦。

每个人都要学习处理自己的感情纠纷，不应该请别人替他站到第一线，帮他出气或者说好话，否则，本来可以有圆满收场的事，常被好管闲事者弄到覆水难收。

三、不是我专业的事

如果那一件事我的专业能力不足，我会很热心地为朋友们介绍所谓的专家，并不会加上太多的“废话”。

比如，他有法律纠葛来问我，我会跟他道歉：我已经很久没翻开六法全书啦，万一说错了，或法令修改了，我会误了大事，所以我宁愿把可靠律师的电话给他。

聊天，可以天南地北，不专业没关系；当别人有困扰要解决，只有专业者不会误导他的方向。

我们在迷路的时候，最怕碰到搞不清楚就乱指路的人，不是吗？

别人了解你的原则，反而会更尊重、更信任你。

管好自己，管好时间

说不并没那么难

有很多人会在口头上不甘不愿地答应帮别人做一些事情，有时只是一些“你不去别人也没损失”的应酬，而影响到自己的时间安排和工作进度。有时必须学会坚定且温和地说“不”，让人了解你的原则。

因此，勉强你的，并不是真正的朋友。

1. 真的不喜欢做，就温和地说非你所长。
2. 提供他另一个选择或其他的名单。
3. 如果你很想做，只是条件不合理，那么就争取更好的条件。
4. 告诉他这段时间内，你有更重要的事要完成。

时间魔法 8

跟自己玩一箭双雕游戏

只要想到一件事情可以“一石二鸟”或“一石三鸟”，比较容易有“赚到”的感觉，会因为自己的“贪念”而持续下去。

有没有可能在同一段时间内开心地完成两件事情？是我常跟自己玩的时间游戏。

就算很忙，我每个礼拜还是会抽空做运动。一个星期至少有两三天的时间，我会在起床后到附近快走。

有人喜欢用跑步机。我是个很怕无聊与重复动作的人，我想如果我买了跑步机，它应该逃不开沦为“室内晾衣机”的命运。

很多时间管理专家当然都会教你早起。但是，我天生不是早起的鸟儿，我是个夜猫子，晚上状况最好，即使在八、九点起床，中午十二点以前，通常意识都很朦胧，好像处于“缺氧”状态。尽管我曾经费力地想矫正自己的生理时钟，但人算不如天算。那段时间，如果我不运动，工作精神也不会太好。

我找到一条跑步路线，从我家到菜市场，有时跑步、有时快走，来回大概需要一个小时。快走使我能够呼吸到室外的空气、流汗，使我的精神变好，也可以保持身材，到菜市场后顺便可以补充冰箱里的食物，同时完成新鲜食材的采购。因为我有了“目的地”，因此我不会太无聊，这样的运动才能够持续。

帮一件事找出多种目的

时间管理上，专心比专一来得重要。

只要想到一件事情可以“一石二鸟”或“一石三鸟”，我们比较容易有一种“赚到”的感觉，会因为自己的“贪念”而持续下去。

话说回来，主持节目也常给我这样的感觉。如果我只是一个伏案写作的作者，以我的原始个性，我一定会因为过度闭关自守而觉得生活无趣，久而久之就变成一个肠枯思竭的作者。主持节目除了是一个挣钱的工作外，它也提供了许多素材——很多人愿意在节目中讲故事，这些故事像一把又一把的钥匙，可以开启许多小小扇的灵感之门。

在刚刚做节目时，我确实是一个“因为制作公司能付的钱有限”，才变成主持人的人。口白、企划案、大纲、问题都要自己负责。

因为钱有限，所以主持人要负责写脚本，当时我是个作者，被认为有写脚本的能力，所以得到了一个机会。

第一个节目就是现场节目。因为我实在是个新手，一看到镜头就

傻了，不可能把现况处理得很好。节目播出当晚，就有朋友来劝我，你不是那块料，不要做了，以免连“作者”的形象也失去了。

当晚我本来想打电话跟误用我的制作人辞职。

拿起话筒时，我有点犹豫，长痛不如短痛，但是不知怎的我的心里有一种很不舒服的声音响起：第一次上战场就败逃的，根本是个懦夫！

第二个声音告诉我：你也可以换个念头，先不要太在意自己的表现，如果有人付你钱让你上补习班，何乐而不为呢？

我做完了我答应的一季节目，总共是十三集。十三集后，因为表现也没有太好，我也就下台一鞠躬了。连我自己都很难想象，我主持的第一个节目，是一个政论节目呢。

不过后来，我又被另外一个制作人看上了。于是从那时做到现在，我一直拿着麦克风工作。

为了嘉勉自己克服怠惰、征服困难做下去，你可能要在说服自己做一件事时，不断加强它的正面意义，找出次要的目的。

时间魔法 9

买生活用品的时间就省省吧

对都会女子而言，买衣服带来的慰藉，取代了男人的安慰。女人都不喜欢太忙，但很少人抱怨，购物让她很忙。

对大部分的女人来说，购物都是愉快的经验，购物对女人来说，应该是一件最没有压力的娱乐，虽然她们常常抱怨："啊，都快把腿逛断了！"

你是否想过，你一辈子将花多少时间在购物上？

英国有个调查推估了数据，答案是：八年。

这是访问了三千个妇女，将她们每天平均花在买东西上的时间乘以六十五年（大多数女人能走得动的时间）推算出来的结果。英国的女人，一年要进店铺 301 次，其中有 84 次买吃的，27 次买化妆保养品，15 次买鞋，18 次买小东西。

我推算了一下，这个平均值大概和台湾一般女子差不多，如果连我们晃进便利商店的次数也算的话，台湾女人花在购物上的时间可能更多。

台湾购物较方便，如果连那些“只是逛逛但没买”的时间也算进去的话，我们一辈子至少花十年的时间在购物上。

美国也有一位服装设计师对十个大城市的妇女做了一个调查，答案一定让很多男人想吐血：女性平均愿意禁欲十五个月，来交换一柜子新衣服。有一个答案的选项是：损失一件自己喜欢的衣服和禁欲一个月，哪一个比较糟。61％的女性表示，衣服的损失最令人心疼。这个研究赤裸裸地呈现了一个事实：对都市女子而言，买衣服带来的慰藉，竟取代了男人的部分功能。

女人都不喜欢太忙，但很少人抱怨购物让她很忙。

分析原因，问题在于：买衣服除了要花钱之外，带来的大多是愉悦的经验，而做爱则未必。女人在穿衣镜前欣赏自己，可能比找到一个能够欣赏自己的男人容易得多。

男人应该不难发现一个事实：度蜜月时，如果他们选择的不是个只看得到沙滩和贝壳的海岛，而是一个处处可以血拼的城市的话，新婚妻子的眼神最热切的那一刹那，应该是她们踏进购物中心的那一刻！

我也喜欢购物，但是我会将购物分为：

一、奖赏式购物——通常是奢侈品；

二、生活必需品的添购。

奖赏式购物对我来说是一种乐趣，但生活必需品的添购则未必。当然有人会连选购垃圾袋或洗衣精、扫把都倍感兴奋，但我不是这种人。

生活上的必需品，我会选定固定的厂牌，请人帮忙我一次买足，或跟附近商家打好关系，请他们直接送货到府，网络订购也是很好的途径。如果买错了，反正也可以用，不必太挑剔。说真的，我一点儿也不想辛辛苦苦地专程开车去，大包小包地拖着拖把或是洗洁剂回家。

买奢侈品（包括每季新装）则是享乐，我偶尔会在辛苦工作一天后，找个时间到附近百货公司逛一下，满足自己的欲望。通常不会超过一个钟头。就算没有买，也当成是运动。

有时，我会对自己说：“不好意思，最近很忙，今天要请你赶五千字的稿子，不过，赶完之后，你可以去从事逛街运动哦！”

只要我对自己这么说，我就会精神大振，工作效率也会因此提高了。放松一下是必要的。

时间魔法 10

记下来与准备好

管理学大师德鲁克建议上班族，想要变成一个有效率的人，第一步，就是记录自己真实的时间运用情况。

记下来与准备好，看来跟时间管理无关，但却是它最得意的干将。

如果一个人从来没有拿纸笔（或手机等科技产品）把该做的事记下来，不管记性再好，总会有忘记的东西。

我会将约会及待办的事项，记在笔记本上属于它的日期里。

前一天，我也会把第二天出门要带的东西，在睡前准备好。

事先做准备，就不容易在出门时东拖西拖而迟到。常迟到的人，通常有事到临头才准备东西的习惯。

说来容易，但这样的习惯却花了我许多年才养成。因为我一直相信自己“记性很好”，直到发生了许多“该带的东西忘了带”的事情之后，从教训中，我才明白，“白纸黑字”比我的智商可信。

第二天要做的事情，我也会在笔记本上列清单，做好的事——划掉。手上有清单，自然比较容易安排事情，大事按时做掉，有些小事可以在空当时做完。

当一天的“待办事项清单”全被划掉时，等于宣告：今天我又完成了好些事情呢。我们的心里自然会有成就感。

不记下来，我们想象中的时间表和现实情况，常会产生很大的落差，变成“我们以为自己一直在做事，其实根本没有效率。”管理大师彼得·德鲁克曾经访问一位认为自己记忆力很好的总裁，请他说明自己的时间支配情形。

该总裁回答，他很确定自己把时间井然有序的切割成三个部分，分别用在与高级主管协调、与重要客户会面并投身小区活动上面。但那是他的“想象”，根据秘书连续六个星期的纪录来看，这位总裁几乎没有从事过上述活动，大部分的时间都在调度追踪熟识客户的订单，不断打电话到工厂，要求工厂处理订单。他的认知和实际情况根本是两回事。

我们的记忆力常只是想象力，与实际情形常常大不相同。所以，管理学大师德鲁克建议上班族，想要变成一个有效率的人，第一步，就是记录自己真实的时间运用情形。

记下来，才知道你是不是一个有效率的执行者。

时间魔法 11

看太多电视最浪费时间

每天不该看电视超过一个小时，上网也要有所节制，
否则再怎么想要时间管理，多出来的时间还是被电视、
电脑吃掉了。

这么说，我也许有违职业道德。我在电视台工作多年，然而，我并不是一个喜欢看电视的人。

我从小就喜欢看书（包括报纸杂志）超过看电视。

如果回家后没有什么要紧的事要处理的话，我每天会打开电视，看看自己的节目，有什么可以改进或必须注意的，也观摩一下别人如何主持节目。这一切都在半小时内完成。

我从来不看电视新闻。

很多朋友知道这一点，都会惊呼："怎么可能？电视新闻不是一定要看的吗？不然怎么知道天下事？"

这么想就太落伍了，网络上的新闻比电视快得多，因为是白纸黑字写成的，读者比较容易看出来龙去脉。

适时关机是对自己和别人的仁慈

我只看网络，或在车上收听新闻网，它们不太浪费时间，而且较不带着企图引导情绪的意图。

有一个报道指出，台湾人一周看电视时数大约十七个小时左右，平均每天两个半小时，而有上网习惯的族群，每天上网时数超过一个半钟头——人生闲暇时间已经被这些媒体占掉了大部分，又有什么时间做“更有意义的事”呢？

如果要问：看这么久的电视又得到了什么？恐怕多数人都会哑然无所对吧。

你有没有试过周日在家连看八小时电视？你曾经因而感觉很充实吗？

我认为一个人想要有效率，每天不该看电视超过一个小时，上网也要有所节制，否则再怎么想要时间管理，多出来的时间还是被电视、电脑吃掉了。

适时关掉手机也是美德。最近不少精神科医师都发现，有越来越多的个案和不关机有关，有些人因为工作需要，二十四小时都要“待命”，结果导致长期失眠。

这些人中，有的是必须与国外客户联系，一位精神科医师说，与工作有关的不关机族都有一些人格特质，包括：有责任感、好胜、不知拒绝以及对长官顺从性高。

事实上，没有人是真的对打扰别人睡眠不内疚的，只要愿意协调，总会有可以关机的时间，就算是欧美的客户，有时差问题，也可以跟他们沟通一下双方都可以接电话的时间吧。

现代人难免不受手机制约，想改善困境方法无他，就是下定决心，适时关机。

时间魔法 12

装忙来让自己不很忙

闲人最会被抓公差，只要被当成是闲人，
就很容易被呼来唤去，有时即使不忙，
也得装做自己很忙。

有位太太曾跟我投诉，星期天，她想要好好休息一下都不行。她是一位职业女性，孩子大了，假日无影无踪，不劳她费心，但“伺候那个老头子真让我忙坏了”。

只要她坐在家里发呆看电视，老公就会有意无意地找事情给她做。比如：“来，我们来清理鱼缸吧。我来装水草，你帮我洗石头。”

她心里觉得很不公平，她做家务时，都是一个人在忙，为什么他好不容易想做点儿事，都不能“独立”，还要她帮忙，占用她的时间？她一点也不喜欢清理鱼缸啊。

要不，就是他要洗车，麻烦她揉抹布和提水。每几分钟叫她一次，她连看回放的连续剧都会被打扰。

我笑道："他不是不想让你偷闲，只是想要联络感情，有点儿'夫唱妇随'的感觉罢了。"

她说她心里明白，先生这么做，是想要在老夫老妻之间制造一些可以互动的机会，出发点是好意的，不能够泼他冷水。后来，她用"装忙"来应付，只要手里打个毛线，或假装正在研究股票，先生至少比较不会对她"呼来唤去"了。

小小技巧，让生活更轻松

你有没有这样的经验？只要被当成是"闲人"，就很容易被别人呼来唤去，在一个公司里面，最会忙得像无头苍蝇的，可能就是那些"总务科"的人员——没有固定职责的人，因为没有专属工作，所以人人都可以来叫你工作，反正你闲着咧。于是，你焦头烂额，忙忙忙，但好像什么想做的事也没做。

家庭主妇也最忙，因为你没事，所以公公婆婆爸爸妈妈兄弟姊妹大小事全部都找你，把你当佣人。闲人最会被抓公差。不忙，你选择"不要"就会得罪人。

说真的，有时我即使不忙，我都会装做自己很忙。因为我有这样的经验。不是很熟的朋友打电话来："最近忙不忙？"我一定不能说："不忙呀，好闲噢。"如果这样说，我就惨了，他一定会帮我找事做，要我去某某社某某会演讲，主持一个聚会，或参与什么活动，帮忙写个什么——如果我连不忙的时候都拒绝，那不就太不给面子了吗？

不忙时，我都会说：“还好。”然后问这位“无事不登三宝殿”的朋友：“找我有事对不对？”

不少的明星经纪人也会善用这样的方法。明明这位明星此时根本没事，他们会先强调“记者会一定要在 ×× 分结束，因为我们要赶通告。”拍广告也一定要用合约写明，工作天数几天，一天工作几小时。过去我不懂这个道理，常接到早上四点通告，一直拍到晚上十二点还没拍完。其实早上四点到，连棚子都没搭好呢。导演觉得反正时间很多，一定要用到你筋疲力尽，才算恪尽其职。

很多总经理也常用这种方法。有位总经理会先告诉秘书，在预定开会结束后，每三分钟狂叩他一次，提醒他：“总经理，有别的会要开哦，他们都在等你。”

有时根本没有别的会要开，他要秘书配合说谎，是用心良苦，因为大多数的会议到了后头常是在闲聊，如果长官没有先走，大家就会聊下去。

就算当时会没开完，因为重要人物要先走，大家都会讲重点，节省开会时间。

用忙来让自己不那么忙，只是小小技巧，不算阴险啦。

时间魔法 13

千万别省不该省的钱

我们必须分清楚什么是重要的，如果完成一件事比省钱重要，你就该多花点钱寄快递，不能想着用平信比较省钱。

我曾经走过一趟“世界上最没效率的旅程”。当时我是旅游记者，奉命到澳洲采访，随行还有几位模特儿，她们要到当地拍服装照。

这本来是个很轻松的路线，没想到那位导游妈妈把它搞得很复杂。

我先说明一下澳洲东岸的地理位置，布里斯班在北，悉尼在中间，墨尔本在南边。当时国际线只有飞悉尼的直飞班机。

我们从台湾飞到悉尼，立刻转机从悉尼飞布里斯班，第二天再从布里斯班飞回悉尼，第四天从悉尼再飞墨尔本，第五天再从墨尔本飞悉尼，第六天再从悉尼飞布里斯班，第九天再从布里斯班飞回悉尼，转机回台湾。

很复杂，对吧？不管怎么算，我们一群人在悉尼及布里斯班之间至少多来回了一趟！

为什么呢？因为那一位澳洲妈妈导游的家在布里斯班，她来台湾开会，顺便接我们，因为当时转机和台北直飞悉尼的来回票价相差无几，而且用的是公费，所以她就带着我们一群人浩浩荡荡地陪她回家拿东西，先陪她回去跟她小孩见个面，再陪我们到悉尼工作。

她没有想到，我们此行的工作时间有限，虽然布里斯班本来就是我们要拜访的地点，但多来回一趟悉尼和布里斯班，根本是重复的，浪费了两天，而且搞得人仰马翻，一群人的时间都浪费掉了。

这实在是很莫名其妙的事情。在这个行程里，“时间”应该比“不浪费钱”的考虑重要，没想到她把“反正不浪费钱”摆在“时间”前面。

旅行，别把“省钱”放在“省时间”之前

旅游中，如果没有把路线规划好，就会变成浪费时间在舟车往返上，所有美丽的风景都隔在窗外。

我还遇过一次荒谬的安排，发生在我赴马来西亚演讲时。我只有三天时间出国，当天晚上就要演讲，第二三天直到上机前都行程满满。一位出版社主编与我同行，我们托旅行社订票，出资单位对我们很好，让我们搭商务舱。结果，当天早上我六点就从我家出门，竟然到了下午五点才飞到吉隆坡，连梳洗时间也没有，直接到会场演讲。

台北到吉隆坡只要三个多小时，为什么我飞了这么久？

因为该旅行社业务员是天才，她为了帮我们“省钱”，订了最“划

算”的商务舱——从台北先飞沙巴，再从沙巴转吉隆坡，这一转多花了四个小时！

天哪，我宁可搭经济舱也要直飞啊。搭飞机也会累，当晚还没开始演讲，我已经累得灰头土脸了。

问题也出在，她把“省钱”放在“省时间”前头。

我们每天的生活也一样，必须分清楚什么是重要的，如果完成一件事比省钱重要，你就该多花点钱寄快递，不能想着用平信比较省钱。

如果请客是为了笼络情感，那么就不该让客人吃不饱，不能把“省钱”放在第一位，要不然，不要请反而好。衡量轻重是必备的时间管理智慧，千万不要省错地方。

我每天也可能有很多事要做，很多会要开，我都会遵守“集中”原则，尽量把时间凑合在一起，把空间凑合在附近，把类似的事情一起做，并且多留下足以应付两地奔波时交通阻塞的可能。

有人喜欢把人都约在同一天、同一个地方，我觉得这个方法并不

佳——有时客人没有准时离去，你总不能对他说，“你快走，我的下一位客人要来了”等人家走最焦急，反而是自己转身说，“不好意思，我有事情先走了”容易得多。

平时，我的主持工作需要专业化彩妆，我也总会把必须要“盛妆”约见的人，约在录像后见面，让对方看见我“盛装以待”的诚意，也可以省却每天化妆的麻烦。

这些方法都很简单，也可以让我们每天与众多人马交手，仍保持不慌不乱。

时间魔法 14

一边工作一边玩

给自己一点儿小空间，改变一下心情，你才能够为你那有趣的工作更卖力！

人是不能没有闲暇的。有时我会故意让自己在工作之余，也享受到一点娱乐。比如，到彰化演讲，我会顺道拜访一下田尾的花田；到台中工作，顺便到我想去的法国餐厅用餐；到台北东区主持记者会，顺便到附近百货公司赶一下大折扣；到苗栗，顺便欣赏一下木雕博物馆；有一次到澳洲演讲，我还“顺便”体验了第一次的海底潜水，因为太着迷了，回台湾之后我还考了潜水证呢。

工作完了，犒赏自己一下，去一个没去过的地方，如此一来，我那小小的贪念就被满足了。

每个人内心深处都很喜欢“可以工作又能玩”的感觉吧。

这个时间管理方法，我将它叫做“再忙也要喝杯热茶”！让自己的心不要绷得太紧。

只要你不是那种会忘记孰轻孰重的人，你就有能力模糊工作与娱乐的界线。有位白手起家的企业家曾说过一句话：“现在的年轻人，就是太把工作当工作，娱乐当娱乐，太会用二分法了，所以才会觉得上班是苦差事！”

我不是教你摸鱼，只是教你：给自己一点小空间，改变一下心情，你才能够为你那有趣的工作更卖力！

各位，就算是那些天才科学家，也都是在休闲时发现改变人类世界的伟大定律的！想想，牛顿在哪里发现的万有定律？阿基米德在哪里悟出的浮力原理？

苹果树下，澡盆里！可都不是在实验室啊。